A filosofia moral de
John Stuart Mill
Utilitarismo e Liberalismo

Mauro Cardoso Simões

A filosofia moral de John Stuart Mill
Utilitarismo e Liberalismo

EDITORA
IDEIAS&
LETRAS

DIREÇÃO EDITORIAL:
Marlos Aurélio

COPIDESQUE:
Thiago Figueiredo Tacconi

CONSELHO EDITORIAL:
Avelino Grassi
Fábio E. R. Silva
Márcio Fabri dos Anjos
Mauro Vilela

REVISÃO:
Leo A. de Andrade

DIAGRAMAÇÃO:
Tatiana Alleoni Crivellari

CAPA:
Tatiane Santos de Oliveira

Todos os direitos em língua portuguesa, para o Brasil, reservados à Editora Ideias & Letras, 2016.

1ª impressão

EDITORA
IDEIAS & LETRAS

Rua Tanabi, 56 – Água Branca
Cep: 05002-010 – São Paulo/SP
(11) 3675-1319 (11) 3862-4831
Televendas: 0800 777 6004
vendas@ideiaseletras.com.br
www.ideiaseletras.com.br

**Dados Internacionais de Catalogação na Publicação (CIP)
(Câmara Brasileira do Livro, SP, Brasil)**

A filosofia moral de John Stuart Mill: Utilitarismo e Liberalismo/
Mauro Cardoso Simões
São Paulo: Ideias & Letras, 2016
Série Pensamento Dinâmico

ISBN 978-85-5580-017-7

1. Filosofia moderna 2. Liberalismo
3. Mill, John Stuart, 1806-1873 4. Utilitarismo
I. Título. II. Série.

16-04223   CDD-190

Índice para catálogo sistemático:

1. Filosofia moderna 190

"Para empregar reta e eficazmente o princípio
da utilidade, devem-se reunir certos requisitos:
inventividade, discernimento, paciência
e sinceridade [...]"
Jeremy Bentham (*Falácias políticas*)

"A felicidade inclui não somente
a busca da felicidade, como também a
prevenção ou mitigação da infelicidade"
John Stuart Mill (*Utilitarismo*)

"Qualquer um que professe o menor respeito pela
liberdade ou dignidade humana, colocará em dúvida
que há ou deve haver, na existência de todo ser
humano, um espaço que deve ser sagrado [...]"
John Stuart Mill (*Princípios de economia política*)

Dedico este livro aos alunos da Faculdade de
Ciências Aplicadas da Unicamp, com os quais pude
analisar e discutir alguns componentes do pensamento
liberal e utilitarista de Mill, nas disciplinas "Ética e Cidadania" e, principalmente, "O utilitarismo e seus críticos".
Dedico, também, aos colegas professores do Núcleo
Básico Geral Comum (NBGC), e aos demais professores
da Faculdade de Ciências Aplicadas da Unicamp.

Agradecimentos

Os capítulos 1, 2 e 3 foram elaborados a partir de subsídio concedido pela Fapesp (Fundação de Amparo à Pesquisa no Estado de São Paulo) para um período de pós-doutoramento na Universidad de Barcelona (2014-2015). A concessão do auxílio me permitiu aclarar inúmeras tensões no Utilitarismo de Mill e colaborou decisivamente para a formulação das ideias aqui examinadas.

Capítulo 4: reimpresso com a permissão do editor da *Revista Orbis Latina*, v. 3, 2013, p. 105-113. Há algumas alterações da versão anterior.

Capítulo 6: reimpresso com a permissão dos editores da *Revista Seara Filosófica* (*online*), v. 8, 2014, p. 7-13. Há algumas alterações da versão anterior.

Agradecimentos especiais ao professor José Manuel Bermudo pelo incentivo altamente crítico em relação ao Utilitarismo em geral e às sugestões minuciosas de sua revitalização por intermédio de J. S. Mill e Karl Popper.

Sumário

Prefácio |11

John Stuart Mill: |17
elementos biográficos

1. John Stuart Mill |21
e a autonomia

2. Uma discussão de *Princípios* |35
de economia política* e *On liberty

2.1 O princípio do dano em questão |38

2.2 Mill: Hedonismo e Utilitarismo |48

3. Moralidade, justiça e |55
democracia: o Utilitarismo de Mill

3.1 O papel das virtudes |57

3.2 O conveniente e o justo |61

3.3 Rediscutindo o conceito de utilidade |68

3.4 Mill e a democracia |73

3.5 Mill e o déficit democrático |77

4. Individualidade e liberdade |79
segundo John Stuart Mill

4.1 Individualidade e razão |81

4.2 Liberdade de pensamento e liberdade de expressão: |84
em torno do argumento da *falibilidade* humana

4.3 As críticas de Henry John McCloskey a Mill |91

5. O princípio da liberdade: aplicações |99

5.1 o caso da escravidão voluntária |104

6. Uma crítica à interpretação do pensamento de Mill |123

6.1 Introdução |125

6.2 Uma análise da tese de Gertrude Himmelfarb: exposição e crítica |126

7. Referências |135

Prefácio

Prefácio

Esta obra de Mauro Cardoso Simões que você agora tem em mãos, *A filosofia moral de John Stuart Mill: Utilitarismo e Liberalismo*, é uma coletânea de trabalhos do autor (os três primeiros capítulos são inéditos e se somam aos três últimos) que foram revisados e compilados na forma de livro. Há neles uma unidade temática, que é o enfrentamento de problemas clássicos no pensamento de Mill com a tentativa de clarificá-los, abordados pelo autor com originalidade, no diálogo com respeitáveis comentadores da obra do autor londrino.

Mauro inicia seu livro criticando aqueles que relutam em atribuir papel predominante ao conceito de autonomia em Mill. Ele insere-se em uma tradição de comentadores como Isaiah Berlin, Esperanza Guisán, Appiah, Feinberg e Haworth, que estabelecem a conexão entre ambos os conceitos – autonomia e individualidade – na obra milleana. Mauro também explora a consistência liberal de Mill, como ele mesmo afirma, e explica que, em relação à questão da conciliação entre Liberalismo e Utilitarismo, a noção de individualidade é relevante para auxiliar na resolução da tensão entre liberdade individual, por um lado, e a felicidade geral, por outro; a tensão, em última instância, entre Liberalismo e Utilitarismo. A proposta interpretativa de Mauro é que Mill já incluía a liberdade em sua noção de utilidade, uma liberdade que é não apenas negativa, como se tem interpretado, mas também positiva.

É dentro desta proposta interpretativa que Mauro passa a discutir as mudanças introduzidas por Mill no Utilitarismo. Ele sustenta que estas mudanças permitiram que o Utilitarismo de Mill enfrentasse questões que não podiam ser enfrentadas por Bentham. Para Mauro, a atualização do Utilitarismo foi resultado, principalmente, do emprego de aspectos emocionais da moralidade, incluindo aqui a questão da inserção da qualidade dos prazeres no cálculo utilitarista. O autor lembra, corretamente, que a exclusão das virtudes da esfera da moralidade não significa que Mill despreze ou elimine o valor da virtude em seu pensamento. Mauro recorda que a multiplicação da felicidade é a finalidade da virtude, lembrando, porém, que Mill insiste em delinear a moralidade como um ramo distinto da virtude. Ele corretamente levanta como hipótese para esta distinção a intenção de Mill de discutir o mau uso do conceito de retidão e injustiça, e lembra que, no sistema de filosofia moral de Mill, a justiça é uma parte da moralidade, mas não toda ela, e corretamente assevera que a compreensão da relação entre *expediency*, *moralidade* e *justiça* é crucial para a compreensão do papel do princípio da utilidade na filosofia moral de Mill, sendo que a Justiça, para Mill, é a parte mais importante e incomparavelmente a mais sagrada e compulsória de toda a moralidade.

Tendo estabelecido a importância da Justiça para Mill, ele recorda que o Utilitarismo deste autor jamais negligenciou direitos ou liberdades, como não poderia deixar de ser, já que estes são componentes essenciais de sua concepção de felicidade. Assim, já será possível "olhar para o Liberalismo milleano com matizes democráticos". É assim que faz sentido a tese que, Mauro recorda, é defendida por Mill: a individualidade é o centro do florescimento pessoal e social, e se desvela assim o compromisso deste com o aperfeiçoamento de uma sociedade ao mesmo tempo livre e igualitária. Para Mauro,

> *ao afirmar a realidade da individualidade humana, Mill nega sua redutibilidade ao simples prazer e dor ou a qualquer outra coisa; ao afirmar a importância absoluta do autodesenvolvimento, ele identifica o bem-estar do indivíduo a uma espécie de prazer completamente diferente da felicidade passiva. E será com esta nova visão da busca da felicidade que Mill será conduzido às conclusões que se distinguem das de muitos filósofos da velha geração utilitarista.*

Ao mesmo tempo, ele nos lembra que a noção de autodesenvolvimento ou individualidade é puramente formal, não contendo qualquer informação sobre o tipo de valores e modos de vida que se devem adotar. Tomado neste sentido, recorda Mauro, o autodesenvolvimento torna-se inteiramente subjetivo. Para saber o conteúdo, é necessário que o potencial de cada um possa ser alcançado, e isso só é possível por meio de um clima de liberdade e espontaneidade.

O livro que você tem agora em mãos resgata a importância da reflexão inovadora de Mill para o

Utilitarismo e mostra que, neste autor, Utilitarismo, liberdade e individualidade convivem harmonicamente, em uma filosofia que tem como proposta a promoção da felicidade, para todos e para cada um de nós. O prazer de ler esta fascinante reflexão do professor Mauro, ajudando-nos a compreender a importância da filosofia de Mill, será todo seu.

Profª. dra. Cinara Maria Leite Nahra
Doutora em Filosofia – University of Essex (Inglaterra)
Profª. do Departamento de Filosofia da Universidade
Federal do Rio Grande do Norte (UFRN)

John Stuart Mill:
Elementos biográficos

John Stuart Mill é considerado, com justiça, um dos principais pensadores do século XIX. Sua produção intelectual tem contribuído, ainda hoje, a aclarar as tensões existentes entre as exigências teórica do Liberalismo, corrente a que se filia, e do Utilitarismo, sendo ele um de seus mais contundentes defensores.

Sua vida não foi, do mesmo modo, isenta de conflitos e tensões. Educado em um rígido sistema elaborado por Jeremy Bentham, que seria seu tutor, e por seu pai, James Mill, John Stuart Mill foi desde cedo uma espécie de "experiência". Nascido em 1806 e tendo aprendido grego aos três anos de idade, Mill ainda aprendeu na infância, dentre outros assuntos: história, lógica e economia. Aos 10 anos de idade, Mill examinou a obra de David Ricardo, um dos economistas mais destacados de seu tempo e, ao mesmo tempo, amigo de seu pai.

Esta profunda dedicação, sob o comando de seu mestre, Jeremy Bentham, fez de Mill um representante fiel das ideias do Utilitarismo, dotado de uma mente extremamente analítica. Todo esse esforço foi, no entanto, colocado em dúvida no ano de 1826. Neste ano, Mill sofre uma espécie de colapso mental que durará até 1827. E é em meio a esta crise que surge o Mill que fará, com originalidade, sua contribuição ao projeto utilitarista de reforma da sociedade.

Esta contribuição pode ser percebida pela quantidade de textos que publica a partir de então, e por seu compromisso com causas que até então não estavam presentes nas preocupações utilitaristas. A capacidade de abrigar, em sua reflexão, questões que pudessem dar conta da proposta de "promoção da felicidade" utilitarista faz com que sua teoria tenha elementos altamente refinados, mas, ao mesmo tempo, seja alvo de críticas incontáveis.

Além de uma produção intelectual invejável, Mill participou ativamente dos debates políticos de seu tempo, tendo sido eleito parlamentar e mirando a defesa das causas que julgava altamente relevantes. Deste modo, os temas que frequentemente são objeto de análise por parte de Mill são: Liberdade, Igualdade, Felicidade, Individualidade, Justiça e Utilidade. Estes temas não esgotam os aportes de Mill, mas sintetizam suas preocupações em examinar sociedades e instituições que possam colaborar com o progresso da humanidade.

Dentre as obras mais significativas de Mill, podem-se apontar:

- *A system of logic* (1843)
- *Consideration on representative government* (1861)
- *Principles of political economy* (1848)
- *Utilitarianism* (1861 – publicado no volume 64 da *Fraser's Magazine*, e em 1863 como livro)
- *Auguste Comte and positivism* (1865)
- *Subjection of women* (1869)
- *On liberty* (1859)
- *Chapters on socialism* (1879)
- *Autobiography* (1873)

1.
John Stuart Mill
e a autonomia

O momento de crise psicológica por que passou Mill, marcou decisivamente os rumos de seu pensamento, de seu autodesenvolvimento, de sua *autonomia* individual. A situação de crise mental perturbou-o a tal ponto que muitos viram nessa virada um verdadeiro afastamento do ideal reformador do Utilitarismo, que o precedera. Mill percebe, no entanto, que a vida dispõe de uma grande variedade de fins, e desenvolve uma reflexão capaz de fornecer novos tecidos para os novos tempos[1] que se anunciam, que bem poderiam ser os nossos tempos ou expressar-se de um modo tal, que poderia ser o modo de experiência de muitas pessoas.

Sobre sua crise psicológica, Mill diz em sua *Autobiografia*:

> Mas chegou um momento em que despertei disso como de um sonho. Foi no outono de 1826. Eu me encontrava em um estado de apatia, ao qual todas as pessoas estão, ocasionalmente, sujeitas [...] em vão busquei consolo em meus livros favoritos [...] cheguei a me persuadir de que meu amor pelo gênero humano e pelo ideal de excelência havia se esgotado.[2]

---

1 "Descobri que o edifício de minhas velhas opiniões recebidas estava cedendo em muitos pontos, mas nunca deixei que ele se desfizesse em pedaços, ocupando-me incessantemente em reconstruí-lo com novos materiais". MILL, J. S. *Autobiografia*. São Paulo: Iluminuras, 2006, p. 141.
2 *Ibid.*, p. 123, 125.

Este período foi tão importante que faz Mill destacar que "as experiências deste período (1826-1827) produziram dois efeitos marcantes em minhas opiniões e em meu caráter".[3]

A primeira mudança diz respeito à adoção de uma teoria da vida que discorda da teoria da renúncia de si mesmo; esta postura dissocia a busca da felicidade, ideia que Mill jamais deixará de considerar o fim último da vida humana, da busca de satisfação, o que, segundo o autor, só seriam prazerosas na medida em que não se tornassem o objetivo principal da vida. A segunda mudança diz respeito ao "cultivo interno do indivíduo", tema que se tornará um dos pontos centrais de seu pensamento. Assim, felicidade não deve ser confundida com satisfação ou contentamento. Afinal de contas, como afirma o próprio Mill, é melhor ser um Sócrates insatisfeito (mas feliz) que um tolo satisfeito.

No que diz respeito ao conceito de *autonomia*, seu uso costuma ser associado ao pensamento de Kant, para quem a autonomia é eminentemente apresentada como o exercício constante do autogoverno, em contraste com a *heteronomia*, que seria o deixar-se governar por forças alheias à própria pessoa. A ideia é tratar, neste texto, de um outro conceito de autonomia, em conexão com a noção de individualidade, igualmente importante para a compreensão do desenvolvimento do ideal iluminista de autonomia. Neste sentido, a ideia de autonomia conta com outra

---
3 MILL, J. S. *Autobiografia, op. cit.*, p. 130.

perspectiva, tão importante quanto aquela comumente atribuída a Kant.

Thomas Nys, em seu texto *The tacit concept of competence in J. S. Mill's On liberty*[4], apresenta e desenvolve a seguinte tese: Mill não compartilharia do ideal de autonomia, preferindo, ao utilizar um conceito diferente daquele de Kant, explorar as dimensões da individualidade.

Na nota 6 de seu texto, em consonância com as ideias defendidas, Nys afirma:

> *Interestingly, Mill does not mention the term "autonomy" in* On liberty. *Many authors, however, use autonomy as a synonym for Mill's concept of "individuality". Later in this paper, however, I will suggest that Mill had in fact good reasons for picking a different term.*[5]

Estaria Mill, deste modo, defendendo um ideal de individualidade que não se coaduna com a noção de autonomia?

Em correspondência com Nys, manifestei minha divergência sobre a ideia de não haver Mill utilizado o conceito de autonomia, citando o texto de meu livro, *John Stuart Mill & a liberdade*, em que aponto o suporte textual do próprio Mill:

---

4 NYS, Thomas. *The tacit concept of competence in J. S. Mill's On liberty*. S. Afr. J. Philos., v. 25, n. 4, 2006.
5 "Interessante notar que Mill não menciona o termo 'autonomia' em *On liberty*. Muitos autores, no entanto, utilizam a autonomia como sinônimo de conceito de 'individualidade' de Mill. Mais adiante, neste artigo, no entanto, sugerirei que Mill tinha, de fato, boas razões para a escolha de um termo diferente."

> *[...] Quant à la partie philosophique, vous savez problablement par mon Essai sur la Liberté, dans quel sens et avec quelles limites j'entends notre principe commun, celui le d'autonomie de l'individu [...]* (Avignon, 20 de septembre 1871). In: *Later letters*, v. 17, letter 1687, p.1831-1832.[6]

Neste espírito, defender a tese contrária seria não dar crédito ao que o próprio Mill oportunamente expressou acerca de *On liberty*. A discussão permanece aberta e, uma vez que o próprio texto deixa entrever: "What is still missing in these accounts, however, is that this critical examination is not a mere personal enterprise [...]",[7] apontei as fragilidades de tal interpretação de Mill, ao que Nys respondeu:

> *Dear Mauro, thank you for your remark! Interesting to see that Mill refers to his project in OL as a project of autonomy. However, I think he had good reason to use the term individuality in order to steer clear of the moral concept of autonomy used by Kant.*[8]

Segundo Mill:

> *Having said that Individuality is the same thing with development, and that it is only the cultivation*

---

6 "[...] Quanto à parte filosófica, você provavelmente conhece pelo meu *Ensaio sobre a liberdade*, de que forma e com quais limites entendo o nosso princípio comum, a *autonomia* do indivíduo [...]."
7 "O que ainda está faltando nessas considerações, no entanto, é que este exame crítico não é uma mera iniciativa pessoal [...]."
8 "Caro Mauro, obrigado por seus comentários! Interessante ver que Mill faz referência ao seu projeto em *OL* como um projeto de autonomia. No entanto, penso que ele tenha boas razões para usar o termo individualidade e orientar de forma clara o conceito moral de autonomia usado por Kant."

> *of individuality which produces, or can produce, well-developed human beings.* (p. 79, capítulo 3)[9]

Neste sentido, tendo a concordar com Nicholas Capaldi, para quem

> *To the extent that there is a fundamental concept in Mill's life and thought, it is the concept of personal autonomy, and it was Harriet who helped to make that concept pivotal in Mill's writings.* (p. 14, prefácio)[10]

Tal interpretação parece não fazer jus ao pensamento utilitarista e liberal de Mill. Antes, no entanto, de avançar neste caminho, apresentarei mais uma interpretação que parece desconhecer a predileção de Mill pela imprescindível conexão entre Autonomia e Individualidade.

A ideia diz respeito ao excelente livro de Tim Mulgan, *O Utilitarismo*, recentemente traduzido para o português. O que desejo destacar é o seguinte trecho:

> *Mill não entende por "individualidade" exatamente o que podemos entender hoje. "Autonomia" e "autenticidade" são termos mais precisos para nós, embora o próprio Mill não os utilize.*[11]

---

9 "Após afirmar que individualidade e desenvolvimento são a mesma coisa, e que apenas o cultivo da individualidade produz, ou pode produzir, seres humanos bem desenvolvidos." (*On liberty*, p. 64; trad. bras. p. 97)
10 "Na medida em que há um conceito fundamental na vida e no pensamento de Mill, este é o conceito de autonomia pessoal, e foi Harriet quem ajudou a tornar esse conceito central nos escritos de Mill."
11 MULGAN, Tim. *O utilitarismo*. Rio de Janeiro: Vozes, 2012, p. 43.

Novamente, parece haver aqui a não atenção ao conjunto extremamente rico das cartas de Mill com respeito a *On liberty*. Na carta à Émile Acollas, citada acima, Mill ainda assinala os modos que entende a autonomia: "autonomia da pessoa humana" e "autonomia individual", reconhecendo-as como regras rigorosas naquilo que diz respeito apenas ao indivíduo.

Há, ainda, aqueles que não se atentam ao conceito de autonomia e sua perfeita harmonia com os propósitos de Mill em *On liberty*, e se resumem a dizer que o filósofo jamais utilizou o termo autonomia em seus escritos. Como apontei acima, isto não encontra suporte nos textos dele.

Felizmente, existe um grupo de autores que estabelecem conexões entre as propostas milleanas de *individualidade* e *autonomia*. Isaiah Berlin, Kwame Anthony Appiah, Joel Feinberg, Lawrence Haworth, Esperanza Guisán e eu mesmo — diferente desses autores, minha tentativa é desativar as críticas infundadas ao pensamento de Mill —, pois o entrelaçamento entre estes ideais parece evidente.

Quanto à noção de individualidade, para Mill, a individualidade é, de um lado, uma consciência de si enquanto sujeito empírico, finito e determinado. Por outro lado, ela é consciência de si como um "eu" irredutível, livre e universal. Como sujeito empírico, o indivíduo é chamado a participar da vida política, social e econômica. Ele deve se mostrar responsável e se conformar às regras e às leis, desenvolvendo uma espécie de *autonomia global*. Como "eu" abstrato, o indivíduo é uma subjetividade livre de qualquer coisa. Ele se destaca por sua existência determinada para criar seu próprio mundo e cultivar os principais elementos de uma vida boa. A essa noção de cultivo de si, podemos atribuir o sentido de autonomia como *autonomia local*. Como individualidade desenvolvida, o indivíduo deveria saber conjugar harmoniosamente a si mesmo e aos demais, evitando que um dos dois lados possa se desenvolver em detrimento do outro. Esta tarefa é difícil de ser alcançada, como se sabe, e é por intermédio desta individualidade amadurecida que se alcança, ao mesmo tempo, a *autonomia plena*. Neste sentido, o princípio da individualidade, aplicado ao "conformismo" e à "mediocridade coletiva" da sociedade vitoriana, deve sustentar um espírito de liberdade, incentivando as operações reflexivas − o autodesenvolvimento, o autoaperfeiçoamento, a autoformação, o autorrespeito, a consciência e a honra − aspectos importantes que alguns utilitaristas clássicos negligenciaram. Esta é uma das razões pelas quais a contribuição de Mill é um complemento sofisticadamente importante na tradição utilitarista.

Um outro aspecto importante da noção de autodesenvolvimento ou individualidade é que tal noção é puramente formal. A ideia de individualidade para Mill, neste ponto, não contém qualquer informação sobre o tipo de valores e modos de vida que se deve adotar, não possuindo a forma de um princípio de ação e de vida criativa, mas seria um princípio a que cada indivíduo tem a liberdade de atribuir o conteúdo que melhor atende às suas "preferências" e necessidades. A essa noção podemos atribuir o nome de *autonomia seletiva*.

Sinônimo de escolha, de autoafirmação e de criação, o princípio da individualidade é o que melhor se adequa aos propósitos radicais de Mill, que tem o ideal de vida como uma luta permanente para a melhoria das imperfeições "naturais"[12] de pessoas e coisas.

Todavia, se o princípio da individualidade é considerado, por quase todos, como um elemento importante para a filosofia em geral e para a doutrina utilitarista em particular – e declaradamente defendida por Mill –, muitos o consideram contraditório com o princípio da utilidade, ao qual Mill se refere brevemente na introdução de *On liberty*.[13] Tal interpretação, no entanto, não se sustenta.

Para aqueles que discordam da *individualidade* entendida como *autonomia* enquanto capaz de exprimir genuinamente seus sentimentos, traçar seu próprio caminho e cultivar elementos decisivos para uma vida suficientemente desenvolvida, poderíamos lembrar a canção de Sinatra que, ao recordar "sua" vida, diz:

> *I've lived a life that's full*
> *I traveled each and every highway*
> *And more, much more than this*
> *I did it my way*

---

12 *Cf.* MILL, J. S. *Nature*. Three essays on religion. Essays on ethics, religion and society. *In*: *Collected works of John Stuart Mill*, p. 377-384.
13 MILL, J. S. *On liberty*, p. 14: "I regard utility as the ultimate appeal on all ethical question" [trad. bras. p. 19].

> Eu tenho vivido uma vida completa
> Viajei por uma e por todas rodovias
> E mais, muito mais que isso
> Eu o fiz do meu jeito

É neste sentido que defender a autonomia na esteira do pensamento de Mill pode ser considerado como sinônimo de defesa do desenvolvimento pessoal de capacidades psicológicas e morais que garantam ao indivíduo o exercício de tais capacidades.

Nas palavras de Haworth, há 3 sentidos para a autonomia:

> *Sentido 1: Se considerarmos que a autonomia é uma capacidade, então ter individualidade é haver desenvolvido essa capacidade até transformá-la em uma característica pessoal realizada.*
> *Sentido 2: Se considerarmos que a autonomia é um modo de vida, como na expressão "viver com autonomia", então a individualidade (esse traço pessoal desenvolvido) é uma condição necessária para a autonomia.*
> *Sentido 3: Quando dizemos de alguém que "é autônomo", talvez tenhamos em mente que tem desenvolvido sua capacidade de autonomia; nesses contextos, ser autônomo e ter individualidade são sinônimos.*[14]

Assim, a capacidade de escolha, associada com o desejo de autocriação pessoal, completa os três âmbitos nos quais a liberdade humana se exercita: autonomia, capacidade de escolha e autocriação.

---

14 HAWORTH, Laurence. *Autonomy – an essay on philosophical psycology and ethics*. New Haven: Yale University Press, 1986, p. 166.

Podemos formular algumas questões que nos permitiriam desenvolver as ideias aqui esboçadas.

A humanidade pode desenvolver-se até atingir um alto grau de realização de suas potencialidades intelectuais, morais, estéticas, políticas? Para se realizar tais potencialidades, deve o ser humano possuir autonomia? Ou a autonomia não seria suficiente?

Uma vez que, acreditemos, a autonomia não possa garantir o florescimento humano, temos que admitir que, mesmo assim, ela não pode ser descartada no horizonte das reflexões milleanas. A autonomia entendida como a capacidade racional de orientar as próprias escolhas e decisões não garante que as melhores escolhas e decisões sejam tomadas, mas isso não equivale a neutralizá-la como um princípio menor ou descartável.

Um povo, para ser considerado civilizado, precisa proteger o ideal de autonomia, como bem evidencia Mill.

Neste sentido, afirma:

> A palavra "civilização", como muitos outros termos [...] é uma palavra que [...] algumas vezes significa melhoramento humano "em geral", e outras vezes significa "certos tipos" de melhoramento humano. Geralmente se diz que um país é mais civilizado se pensamos que tem melhorado mais que outros, que é mais eminente nas melhores características do homem e da sociedade, que esteja mais adiantado no caminho da perfeição, que é mais feliz, mais nobre, mais sensato.[15]

---
15 MILL, J. S. *La civilización: señales de los tiempos*, p. 141.

Se Mill considera, neste sentido, que "não nos parece que nossa época esteja igualmente avançada, nem seja igualmente progressiva em muitos tipos se melhoramento",[16] o cultivo da *autonomia* poderia ser considerado um dos aspectos mais relevantes para avaliarmos as possibilidades para que não estacionemos, ou mesmo que haja retrocesso nas discussões acerca do papel da individualidade e da autonomia em nosso tempo.

---
16 MILL, J. S. *La civilización: señales de los tiempos*, p. 142.

II.
Uma discussão de *Princípios de economia política* e *On liberty*

Frequentemente, a discussão sobre o pensamento ético e político de John Stuart Mill busca aclarar as tensões existentes entre seu Utilitarismo e seu Liberalismo. Alguns estudiosos procuram apresentar o Utilitarismo de Mill de modo a apontar em que medida ainda se pode qualificá-lo como um seguidor da corrente que tem em Bentham seu fundador e um de seus principais representantes. Por outro lado, muitos investigam em que medida sua versão qualificada do Utilitarismo pode ser compatibilizada com as teses defendidas em *On liberty*. Meu objetivo, neste texto, é explorar outra frente de investigação, qual seja, da consistência liberal de Mill. Para isso, procurarei examinar a proximidade de *On liberty* (1859) com *Principles of political economy* (1848), *Considerations on representative government* (1861) e *Utilitarianism* (1861), analisando se Mill mantém-se como um pensador político de matiz liberal. O foco central será o princípio do dano, procurando demonstrar que devemos entendê-lo como um *princípio* e que, como tal, dispensa uma plena caracterização; em seguida discutirei se Mill pode ser considerado um hedonista.

2.1 O princípio do dano em questão

> *A voga dos tempos atuais é depreciar a lógica negativa – a que aponta as fragilidades na teoria ou erros na prática, sem estabelecer verdades positivas. Uma crítica nesse molde seria, de fato, bastante pobre como resultado último, mas como meio de alcançar algum conhecimento positivo ou convicção digna desse nome nunca é demasiado valorizá-la.*[17] (MILL, J. S. On liberty, p. 69-70)

É conhecida a defesa que Mill faz da liberdade em *On liberty*, ensaio pelo qual se tornou mais conhecido no meio acadêmico, bem como do público em geral. Neste ensaio, Mill apresenta os contornos do que chamou "One very simple principle" (um princípio muito simples). A defesa de Mill pode parecer, no primeiro momento, que se fundamenta em uma concepção "simplista" da ideia de liberdade. Ao afirmar que pretende investigar a "Civil, or social liberty", Mill delimita a fronteira no interior do que sua reflexão incidirá: analisar "a natureza e os limites do poder que a sociedade pode legitimamente exercer sobre o indivíduo". Tal simplicidade, no entanto, não é encontrada no desenrolar do ensaio, sendo a discussão retomada e aprofundada, na medida em que encontramos o mesmo aparato conceitual presente em *Princípios de economia política*, obra raramente utilizada para dirimir as críticas

---

17 MILL, J. S. *On liberty*, p. 46 [trad. bras. p. 69-70].

dirigidas às teses defendidas em *On liberty*. Nos *Principles* encontramos Mill explorando temas como a "liberdade, igualdade, democracia, cooperação, socialismo e justiça".[18] Este último tema, em particular, tem sido o alvo das críticas dirigidas ao Utilitarismo milleano, como se Mill tivesse tratado de questões de justiça tão somente no último capítulo de *Utilitarianism*. Como veremos, tal interpretação não se sustenta.

Mas o que significaria investigar a "Civil, or social liberty"? O que esta reflexão introduziria de inovador na tradição liberal e utilitarista?

Em primeiro lugar, *On liberty* procura discutir a liberdade em chaves: "a liberdade moral, social e intelectual, afirmada contra os despotismos sempre que exercido pelos governos ou pela opinião pública".[19] Em segundo lugar,

> o "povo" que exerce o poder nem sempre é o mesmo povo sobre quem o poder é exercido, e o "autogoverno" de que se fala não é o poder de cada um por si mesmo, mas o de cada um por todos.

Este tema parece ter sido influenciado pela noção de "tirania da maioria", de Alexis de Tocqueville, tendo Mill analisado minuciosamente suas ideias em *De Tocqueville on democracy in America*.

Ainda de acordo com Fred Rosen, o sentido da liberdade empregado por Mill difere fundamentalmente de toda a tradição britânica do século XVIII,

---

18 ROSEN, Fred. *Mill*. Oxford: Oxford University Press, 2013, p. 131.
19 MILL, J. S. Later letters (1848). *CW XV*, parte II, p. 74. *Carta a Theodor Gomperz (1848)*.

inclusive de Bentham. Enquanto tradicionalmente a ideia de liberdade civil e social busca proteger, e até mesmo ampliar a liberdade dos instrumentos do direito e do governo, a noção milleana de liberdade civil, ou social, embora se refira ao poder, incisivamente deixou de mencionar a lei ou o governo como fontes ou causas desse poder. A razão dessa mudança seria que Mill pareceu modificar sua ênfase da lei e do governo para a sociedade em geral. A ideia da sociedade exercendo o poder, presumivelmente por intermédio da opinião pública, ainda que não fosse totalmente nova, era uma concepção que não era de utilizada de modo amplo ou suficientemente desenvolvida.

Segundo Rosen, ainda que "Rousseau seja um importante precursor na utilização do termo 'social', como em 'contrato social' ", Mill provavelmente tomou-o diretamente de Comte, adicionando-o à liberdade.

> *A finalidade deste ensaio é sustentar um princípio bastante simples, capaz de governar absolutamente as relações da sociedade com o indivíduo no que diz respeito à compulsão e ao controle, quer os meios empregados sejam os da força física sob a forma de penalidades legais, quer a coerção moral da opinião pública. Esse princípio é o de que a autoproteção constitui a única finalidade pela qual se garante à humanidade, individual ou coletivamente, interferir na liberdade de ação de qualquer um. O único propósito de se exercer legitimamente o poder sobre qualquer*

membro de uma comunidade civilizada, contra sua vontade, é evitar danos aos demais.[20]

Encontramos a mesma posição defendida nos *Principles*. Nesta obra, Mill reitera sua defesa da liberdade social:

> *Qualquer que seja a teoria que adotemos sobre o fundamento da união social e independentemente das instituições sob as quais vivemos, há no entorno de cada ser humano, considerado individualmente, um círculo no qual não se deve permitir que nenhum governo possa entrar, seja de uma pessoa, de poucas ou muitas; há uma parte da vida de toda pessoa [...] na qual a individualidade dessa pessoa deve reinar sem controle de nenhuma classe, seja de outro indivíduo, seja da coletividade. Ninguém que professe o menor respeito pela liberdade ou a dignidade humana colocará em dúvida que há, ou que deva haver, na existência de todo ser humano, um espaço que deve ser sagrado e imune a toda intromissão autoritária. A questão está em fixar onde se deve pôr o limite desse espaço e quão grande deve ser o setor da vida humana que deve incluir este espaço reservado. Entendo que deve incluir toda aquela parte que afeta somente a vida do indivíduo, seja interior ou exterior, e que não afete os interesses dos demais ou que só os afete por meio da influência moral do exemplo.*[21]

---

20 MILL, J. S. *On liberty*, p. 13 [trad. bras. p. 17].
21 MILL, J. S. *Principles of political economy*. Livro V, capítulo 12, § 2.

Uma vez que a liberdade é preciosa e deve ser protegida, o limite para que possa existir intromissão nas condutas individuais diz respeito à noção de danos a terceiros (*harm to others*). Mill procurou discutir tais limites, tarefa que não se mostrou fácil.

Um dos principais problemas enfrentados por Mill em *On liberty* é especificar o entendimento que possui do princípio do dano. Este princípio tem um papel altamente relevante em seu pensamento e visa estabelecer os limites legítimos para uma possível interferência nas ações humanas. Nas palavras de Mill,

> *[...] o único propósito de se exercer legitimamente o poder sobre qualquer membro de uma comunidade civilizada, contra sua vontade, é evitar danos aos demais [...].*[22]

Mill considera que ações que causem danos a terceiros possam sofrer interferências, mantendo ações que afetem tão somente ao agente imune a tais interferências.[23] Nas palavras de Mill,

> *No que diz respeito ao domínio da íntima consciência, aos pensamentos e sentimentos e toda*

---
22 MILL, J. S. *On liberty*, p. 13 [trad. bras. p. 17].
23 *Ibid.*, p. 13: "[...] Na parte que diz respeito apenas a si mesmo, sua independência é, de direito, absoluta. Sobre si mesmo, sobre seu corpo e mente, o indivíduo é soberano". [trad. bras. p. 18]. A mesma posição é encontrada em *Subjection of women*, "That the principle which regulates the existing social relations between the two sexes – the legal subordination of one sex to the other – is wrong in itself, and now one of the chief hindrances to human improvement; and that it ought to be replaced by a principle of perfect equality, admitting no power or privilege on the one side, nor disability on the other".

> *aquela parte da conduta exterior que é somente pessoal e não gera consequências aos demais*

todos estão livres para viver de acordo com o que consideram apropriado sem, todavia, impor sua opinião sobre o que considera ser bom ou mau, e sem "obrigar aos demais a aceitar essa opinião".[24] Não é por acaso que em um texto de 1835 Mill afirme, "Morality [...] consists in doing good and refraining from harm".[25]

Ele articula um limite de princípios sobre as invasões da sociedade, permitindo que somente considerações de "danos a terceiros" possam contribuir para a justificação de interferência social, com controle do indivíduo sobre suas próprias ações. O problema é que Mill nunca indica claramente onde traçar a linha em "dano".[26] Como a maioria das ações ameaça causar "danos a terceiros", entendida em sentido amplo (incluindo qualquer consequência negativa para os outros), parece que Mill deve restringir o que conta como "dano", ou o princípio do dano falharia totalmente como um escudo contra intromissões da sociedade. Mill restringe a consideração a danos não consensuais a terceiros. O prejuizo ocasionado a adultos competentes e oriundos de atividade puramente consensual é tratado como dano a si mesmo.

---
24 MILL, J. S. *Principles*. Livro V, capítulo 12, § 2.
25 "Moralidade [...] consiste em fazer o bem e evitar o mal", *in*: MILL, J. S. Sedgwick's discourse, *CW X*, p. 59.
26 MILL, J. S. *Principles*. Livro V, capítulo 12, § 2: "[...] a questão está em fixar onde colocar o limite deste espaço".

> *Admito plenamente que o dano provocado por uma pessoa sobre si mesma possa afetar seriamente, tanto por suas simpatias como por seus interesses, os que se relacionam a ela de modo próximo e, em grau menor, a sociedade como um todo. Quando, por uma conduta dessa espécie, um homem é levado a violar uma obrigação indubitável e transmissível para com uma ou mais pessoas, o caso cessa de ser social e se torna passível de desaprovação moral, no sentido próprio do termo.*[27]

No que diz respeito à esfera autorreferente ou (o que é o mesmo, na área de escolhas) ações ou condutas que dizem respeito tão somente ao agente, Mill posiciona-se muito claramente ao afirmar que:

> *[...] quando a conduta de uma pessoa não afeta senão os próprios interesses, ou não afeta os interesses dos outros se necessariamente não o querem (todas as pessoas envolvidas tendo atingido a maturidade e gozando do grau ordinário de discernimento). Em todos esses casos, deveria haver perfeita liberdade, legal e social, de praticar as ações e assumir as consequências.*[28]

> *A única parte da conduta de cada um, pela qual é responsável perante a sociedade, é a que diz respeito a outros. Na parte que diz respeito apenas a si mesmo, sua independência é, de direito, absoluta. Sobre si mesmo, sobre seu corpo e mente, o indivíduo é soberano.*[29]

---

27 MILL, J. S. *On liberty*, p. 81 [trad. bras. p. 124].
28 *Ibid.*, p. 76 [trad. bras. p. 116].
29 *Ibid.*, p. 18 [trad. bras. p. 13].

Ressalte-se que a palavra *absoluto* – na segunda parte da última citação – deve ser entendida com base em seu contexto: ela não é utilizada em contraste com a superioridade de utilidade, mas com a importância da liberdade em assuntos públicos. Dado o compromisso indiscutível de Mill com a liberdade individual, o foco do debate na literatura especializada tem sido, por um lado, o modo como Mill fundamenta seu Liberalismo em seu Utilitarismo e, por outro lado, se essa tentativa é logicamente consistente. Com relação à primeira questão, de como Mill concilia o Liberalismo e o Utilitarismo, a noção de individualidade é altamente relevante para harmonizar a tensão entre a liberdade individual e a maior felicidade geral.

É preciso destacar que nada mais distante de Mill que determinar o conteúdo daquilo que faz uma pessoa feliz, afinal de contas, ele mesmo afirma, "ninguém pode ser compelido a fazer ou a deixar de fazer por ser melhor para ele, porque o fará feliz". A concepção de felicidade, para Mill, não bloqueia sua adesão coerente com sua noção de liberdade, mas a fundamenta.

> [...] *quando a conduta de uma pessoa não afeta senão os próprios interesses, ou não afeta os interesses dos outros se necessariamente não o querem (todas as pessoas envolvidas tendo atingido a maturidade e gozando do grau ordinário de discernimento). Em todos esses casos, deveria haver perfeita liberdade, legal e social, de praticar as ações e assumir as consequências.*[30]

---

30 MILL, J. S. *On liberty*, p. 76. [trad. bras. p. 116].

Os críticos e estudiosos de Mill não encontram, no entanto, uma linha capaz de compreender detalhadamente o que ele entende como "dano". Isto fez com que muitas posições pudessem ser sustentadas sobre o tema.[31]

Segundo Turner, parece que um aspecto importante para uma explicação coerente de *On liberty* seria aceitar que Mill não especifica explicitamente o que conta como "dano", utilizando-o como um termo geral para analisar as eventuais más consequências das ações sem precisar de uma maior especificação. O que parece adequado supor, todavia, é que Mill não entende o dano a terceiros como conclusivo em uma presumível interferência; para isso, Mill sugere que devamos compreender o "harm do others" enquanto *pro tanto*.

> *Inclusive naquelas partes da conduta que afetam aos interesses dos demais, incumbe aos defensores das proibições legais justificar sua pretensão. O simples dano imaginário ou suposto aos demais não justificará a intervenção da lei na liberdade individual. Impedir que alguém faça o que está inclinado a fazer, ou que aja de acordo com seu próprio juízo sobre o que é desejável, não só é enfadonho, mas tende sempre,* pro tanto, *a impedir o desenvolvimento de uma parte das faculdades físicas e mentais [...]*.[32]

---

31 *Cf.* TURNER, Piers Norris. Harm and Mill's harm principle. *In*: *Ethics*, v. 124, n. 2, jan. 2014, p. 299-326.
32 MILL, J. S. *Principles*. Livro V, capítulo 12, § 2.

O que é claro, todavia, é a preocupação de Mill em defender um ambiente de segurança social que possa permitir às pessoas elaborar e desenvolver seus planos de vida. Esta interpretação rechaça a crítica que compreende o conceito milleano de felicidade ou utilidade como expressando tão somente "sensações de prazer". Como se pode ver, Mill incluía a liberdade em sua noção de utilidade, bem como diferentes coisas como a virtude,[33] a saúde, a subsistência, a educação, a eliminação da pobreza e a segurança, dentre outros bens igualmente relevantes. Neste sentido ele esboça sua concepção de segurança:

> Entendo por segurança a completa proteção que a sociedade proporciona a seus membros. Esta compreende a proteção dada pelo governo e a proteção contra o governo. Esta última é a mais importante.[34]

Esta posição parece neutralizar a convencional compreensão de Mill como defensor de uma concepção negativa de liberdade, uma vez que a proteção dos membros de uma comunidade política e de suas

---

33 MILL, J. S. *Utilitarianism*, p. 67 [trad; bras. p. 206-207]: "Os utilitaristas estão perfeitamente cientes de que existem, além da virtude, outros bens e outras qualidades desejáveis, e estão dispostos a atribuir a todos eles seu pleno valor. Também estão cientes de que uma ação justa não indica necessariamente um caráter virtuoso, e que as ações censuráveis quase sempre procedem de qualidades dignas de louvor. Modificam sua apreciação, não certamente a respeito do ato, mas do agente, quando num caso particular isso se torna evidente. No entanto, concedo que partilham a opinião segundo a qual no longo prazo a melhor prova do bom caráter sejam as boas ações, e decididamente se recusam a considerar qualquer disposição mental como boa, se a tendência predominante é produzir uma má conduta".
34 MILL, J. S. *Principles*. Livro I, capítulo 7, § 6.

liberdades em sentido positivo tem, em textos do próprio Mill, uma base sólida e mais adequada aos propósitos de *On liberty*, *Utilitarianism* e dos *Principles*. Não é por acaso que encontramos nos *Principles* esta afirmação:

> Um povo que carece do hábito da ação espontânea pelos interesses coletivos, que tem o costume de olhar para seu governo para que lhe ordene o que tem que fazer em todas aquelas matérias de interesse comum, que espera que lhe dê tudo feito, exceto aquilo que possa ser objeto de simples hábito ou rotina, um povo assim tem suas faculdades ainda por desenvolver; sua educação é defeituosa em um de seus aspectos mais importantes.[35]

2.2 Mill: Hedonismo e Utilitarismo

> É necessário repetir mais uma vez aquilo que os adversários do Utilitarismo raramente fazem o favor de reconhecer: a felicidade que os utilitaristas adotaram como o padrão do que é certo na conduta não é a do próprio agente, mas a de todos os envolvidos.[36]

O objetivo aqui é apresentar as modificações introduzidas por Mill no Utilitarismo. Para tanto, minha tarefa será apresentar e analisar alguns elementos do pensamento de Mill. Ainda que alguns críticos vejam fragilidade em tal reforma, considerarei que tais inovações permitiram ao Utilitarismo

---
35 MILL, J. S. *Principles*. Livro V, capítulo 12, § 6.
36 MILL, J. S. *Utilitarianism*, p. 64 [trad. bras. p. 202].

enfrentar questões que o Utilitarismo de Bentham não poderia fazê-lo.

O Utilitarismo certamente sofreu alterações com as reformas elaboradas por Mill, e uma das principais inovações introduzidas pode ser considerada a *dimensão qualitativa dos prazeres*. Sua ideia de felicidade deve ser compreendida a partir deste horizonte e não mais como Bentham a concebera — em seus aspectos quantitativos —, mas a interpretando, também, em seus aspectos qualitativos.

Era já evidente no início da transição que Mill, ao dar ênfase aos aspectos qualitativos da felicidade, não estava fazendo da reforma apenas uma reação às críticas frequentes que se dirigiam ao Utilitarismo, costumeiramente chamada de uma "doutrina digna apenas de suínos".[37] Em vez disso, essa atualização do Utilitarismo foi resultado, principalmente, do seu emprego de aspectos emocionais da moralidade. Assim, a consideração dos aspectos qualitativos de ações é uma posição que se desenvolvera ao longo de décadas, alterando substancialmente a versão do Utilitarismo defendido por Mill.

As inadequações percebidas por Mill levaram-no a redefinir o Utilitarismo do seguinte modo:

> [...] *utilidade ou o princípio da maior felicidade como a fundação da moral sustenta que as ações são corretas na medida em que tendem a promover a felicidade e erradas conforme tendam a*

---

37 MILL, J. S. *Utilitarianism*, p. 55 [trad. bras. p. 187]. Veja-se também: *Remarks on Bentham philosophy*.

> *produzir o contrário da felicidade. Por felicidade se entende o prazer e a ausência de dor; por infelicidade, dor e privação do prazer.*[38]

Note-se, no entanto, que ao criticar a visão quantitativa do prazer, em favor de uma noção qualitativa, Mill não possuía a intenção de rejeitar o Utilitarismo, mas apenas o aperfeiçoar para uma melhor compreensão das consequências das ações.

A questão óbvia, que aparece com a inclusão de um nível de qualidade na avaliação das ações, diz respeito à escala para a avaliação da qualidade, uma vez que tal avaliação pode ser subjetiva. Todavia, para Mill, a decisão sobre quais qualidades seriam superiores para a estimativa de felicidade, assim como a questão da quantidade de felicidade, poderia ter um viés empírico. Devido a isso, Mill não vê problemas ao reivindicar a inclusão do nível qualitativo de avaliação utilitária, sem problemas adicionais de comparação ao método puramente quantitativo de Bentham.

Para Mill,

> *[...] não há lugar para a mínima hesitação em aceitar esse julgamento relativo à qualidade dos prazeres, uma vez que não há outro tribunal a que recorrer mesmo sobre a questão da quantidade.*[39]

Qual seria, no entanto, a tarefa deste tribunal que faz com que Mill tanto respeite seu julgamento, incluindo em sua avaliação tanto os aspectos qualitativos

---

38 MILL, J. S. *Utilitarianism*, p. 55 [trad. bras. p. 187].
39 *Ibid.*, p. 58 [trad. bras. p. 193].

como os quantitativos das ações? A resposta de Mill diria respeito a uma elite intelectual,[40] segundo Alan Ryan. O texto dos *Principles* parece corrigir esta interpretação:

> [...] posto que a necessidade dos talentos ativos e do discernimento prático nos assuntos da vida só tende a diminuir [...] é importante que se cultivem essas qualidades não simplesmente em uma minoria seleta, senão em todos, e que a cultura assim adquirida seja mais variada e completa do que a maior parte das pessoas possa obter no estreito campo de seus simples interesses individuais.[41]

Quem poderia ter o direito a fazer um julgamento sobre a qualidade e a quantidade de felicidade, que produzem duas ações alternativas, se não os "[...] que têm competência para julgá-los [...]"?[42]

O perigo de erro de cálculo, o risco de favorecer os "prazeres inferiores" diante dos "prazeres mais elevados", surge apenas àqueles que "[...] só conhecem um lado da questão",[43] ou seja, para aqueles que não conhecem os prazeres elevados.

Há, portanto, para Mill, duas qualidades fundamentalmente distintas de prazer e é isso que o leva a utilizar os atributos distintos com relação ao prazer: "prazeres superiores" e "prazeres inferiores". Mill considera, nesta direção, que há pessoas capazes de

---
40 Ver: RYAN, Alan. *The philosophy of John Stuart Mill*. London: Macmillan Press Ltd., 1998.
41 MILL, J. S. *Principles*, p. 358.
42 MILL, J. S. *Utilitarianism*, p. 56. [trad. bras. 189].
43 *Ibid.*, p. 57 [trad. bras. p. 191].

julgar o prazer pela sua qualidade elevada, pois têm experiência, educação e conhecimento para avaliar os dois tipos de prazer: "Não concebo nenhum apelo possível a esse veredito pronunciado pelos únicos juízos competentes".[44] Esses juízes competentes dão prioridade aos prazeres elevados com relação aos prazeres inferiores, "[...] e preferem de maneira mais acentuada o que dá vida a suas faculdades mais elevadas".[45] Tais prazeres, segundo Mill, seriam "[...] prazeres intelectuais, da imaginação e dos sentimentos morais [...]".[46] Com essa noção altamente refinada da ideia de prazer, Mill conecta a qualidade das ações com o desenvolvimento mental e individual, e mantém a meta utilitarista na medida em que tal desenvolvimento possa colaborar com o conjunto da sociedade. Mas, o que tornaria incontornável a preferência desses competentes juízes pelas faculdades elevadas que representam a marca distintamente humana? E o que faria com que os prazeres escolhidos sejam aqueles dotados de qualidades elevadas? Parece que encontraríamos respostas a estas questões no "senso de dignidade" que garantiria superioridade aos prazeres escolhidos por faculdades elevadas.

Mill, ao defender uma concepção qualitativa do Utilitarismo, desativa a principal crítica ao mesmo, ainda que permaneça a objeção de quanta maximização de bem-estar se alcança com determinadas

---

44 *Ibid.*, p. 58 [trad. bras. p. 193].
45 *Ibid.*, p. 56 [trad. bras. p. 189].
46 *Ibid.*, p. 56 [trad. bras. p. 188].

formas de atividade mental e o cultivo de sentimentos morais.

Há que se admitir, no entanto, que uma avaliação qualitativa das ações, apesar de todos os protestos de Mill, é muito mais difícil de realizar do que a quantificação de Bentham, que por si só já seria suficientemente problemática. Levando em consideração esta dificuldade, Mill enfrenta o problema do seguinte modo,

> de dois prazeres, se houver um que seja claramente preferido por todos ou quase todos os que experimentaram um e outro, independentemente de qualquer sentimento ou obrigação moral a preferi-lo, este será o prazer mais desejável. Se os que estão familiarizados com esses dois prazeres e têm competência para julgá-los colocam um deles tão acima do outro que chegam a preferi-lo, muito embora saibam que dele se segue um grande volume de descontentamento, e se não aceitam renunciar a ele por mais que sua natureza seja suscetível de experimentar uma grande quantidade de outro prazer, temos razão em atribuir ao deleite escolhido uma superioridade qualitativa, pois a quantidade foi de tal modo subestimada que, em comparação, tornou-se de pequena importância.[47]

A quantidade rende-se, neste sentido, à qualidade, pois, como afirma Mill, se uma qualidade é elevada o suficiente, a quantidade teria um papel menor na avaliação da ação. Este é o sentido das palavras de Mill ao expressar nitidamente o peso da avaliação

---
47 MILL, J. S. *Utilitarianism*, p. 56 [trad. bras. p. 189].

qualitativa de uma ação: "É melhor ser uma criatura humana insatisfeita que um porco satisfeito; é melhor ser Sócrates insatisfeito do que um tolo satisfeito".[48]

---

48 *Ibid.*, p.57 [trad. bras. p. 191]. *Cf.* WEST, H. Mill and utilitarianism in the mid-nineteenth century. *In: The Cambridge companion to utilitarianism.* Cambridge: Cambridge University Press, 2014, p. 76.

III.
Moralidade, justiça e democracia:
O Utilitarismo de Mill

O "discurso filosófico" ocasionalmente utiliza a palavra "*moral*" envolvendo as noções de *punição* e *obrigação*. No segundo sentido (*obrigação*), ser moral equivaleria a ser *virtuoso*, o que seria questionável, pois a *virtude* não se constituiria necessariamente em uma *obrigação*.

Como se pode interpretar, há uma imprecisão sobre o sentido da moral, e tal imprecisão pode ser encontrada seja na obra de Hume, seja na de Adam Smith, a título de exemplificação. O que se percebe é que ambos procuram circunscrever e distinguir o significado de *moral* como *obrigação* e *moral* como *costume comum*.

Esta imprecisão do sentido moral não pode, assim, ser atribuída exclusivamente a Mill e ao Utilitarismo em geral, pois o uso tradicional e cotidiano da palavra moral tem sido utilizado para atacar o Utilitarismo, entendendo que este não possa ser capaz de se sustentar como um princípio moral.

3.1 O papel das virtudes

Tradicionalmente, a pesquisa em filosofia moral possui um alcance abrangente, incluindo a discussão das *virtudes* no domínio do discurso moral. É precisamente John Stuart Mill quem procura delimitar seus âmbitos: o âmbito das virtudes e o âmbito da moral, tratando-os como domínios distintos.

> *Utilitarian morality fully recognises the distinction between the province of positive duty and that of virtue [...] From the utilitarian point of view, the distinction between them is the following: there are many acts, and a still greater number of forbearances, the perpetual practice of which by all is so necessary to the general well--being, that people must be held to it compulsorily, either by law, or by social pressure. These acts and forbearances constitute duty. Outside these bounds there is the innumerable variety of modes in which the acts of human beings are either a cause, or a hindrance, of good to their fellow-creatures, but in regard to which it is, on the whole, for the general interest that they should be left free; being merely encouraged, by praise and honour, to the performance of such beneficial actions [...]. This larger sphere is that of Merit or Virtue.*[49]

A exclusão das *virtudes* da esfera da moralidade não deve significar que Mill despreze ou elimine o

---

49 "A moralidade utilitarista reconhece plenamente a distinção entre a área de competência do dever positivo e a área de competência da virtude [...]. Desde um ponto de vista utilitarista, a distinção entre elas é a seguinte: há muitas ações, e um número ainda maior de omissões, nas quais a prática corrente do que por todos é tão necessário para o bem-estar geral, que as pessoas devam ser mantidas compulsoriamente, seja por lei ou pela pressão social. Estas ações e tolerâncias constituem dever. Fora desses limites, há uma inumerável variedade de modos nos quais os atos de seres humanos são, ou uma causa, ou um obstáculo, para o bem de seus semelhantes, mas em relação ao qual é, em geral, para o interesse geral que devam ser deixados livres; sendo apenas incentivada, pelo louvor e honra, para o desempenho de tais ações benéficas [...]. Esta esfera ampla é a do Mérito ou Virtude", *in*: MILL, J. S. *CW V*, p. 202.

valor da virtude em seu pensamento.[50] Este ponto tem sido alvo de interpretações apressadas e equivocadas em relação à filosofia utilitarista de Mill, pois parece desconhecer-se a afirmação segundo a qual o cultivo do caráter virtuoso é altamente relevante para sustentar a moral utilitarista como um sistema moral. Ademais, buscar incansavelmente a virtude seria compatível com as exigências utilitaristas, pois além de não produzir danos a terceiros, quanto mais virtudes cultivadas, melhor; afinal de contas, "a multiplicação da felicidade é, de acordo com a ética utilitarista, a finalidade da virtude".[51]

Dado que as virtudes são tão importantes para o Utilitarismo de Mill, é curioso que Mill insista em delinear a moralidade como um ramo de sua *Art of life* distinta da virtude, que pertence à esfera

---

50 MILL, J. S. *On liberty*, p. 76 [trad. bras. p. 117]: "Eu seria a última pessoa a subestimar o valor das virtudes pessoais; somente ficam atrás, se é que ficam, das virtudes sociais. É tarefa da educação cultivá-las igualmente. Porém, mesmo a educação opera por convicção e persuasão, tanto quanto por compulsão, e é apenas pelas duas primeiras formas que se deveriam inculcar as virtudes individuais, uma vez passado o período da educação". Veja-se, também: "Os utilitaristas estão perfeitamente cientes de que existem, além da virtude, outros bens e outras qualidades desejáveis, e estão dispostos a atribuir a todos eles seu pleno valor. Também estão cientes de que uma ação justa não indica necessariamente um caráter virtuoso, e que as ações censuráveis quase sempre procedem de qualidades dignas de louvor. Modificam sua apreciação, não certamente a respeito do ato, mas do agente, quando num caso particular isso se torna evidente. No entanto, concedo que partilham a opinião segundo a qual no longo prazo a melhor prova do bom caráter sejam as boas ações, e decididamente se recusam a considerar qualquer disposição mental como boa, se a tendência predominante é produzir uma má conduta" (*Utilitarianism*, p. 67 [trad. bras. p. 206-207]).
51 MILL, J. S. *Utilitarianism*. p. 66 [trad. bras. p. 205].

do merecimento ou nobreza.[52] Há duas explicações possíveis para essa separação entre o dever moral e o comportamento virtuoso. Em primeiro lugar, ele poderia ser o principal objetivo de Mill ao separar a *moral* das *virtudes*, a fim de discutir o mau uso do conceito de retidão e injustiça, que formou um grande mal-entendido sobre o Utilitarismo como uma teoria moral em seu tempo. Em segundo lugar, igualmente importante, uma vez que uma pessoa dotada de virtude é alguém que tem uma tendência constante em realizar boas coisas sem contemplar seus próprios interesses; isto seria o mesmo que dizer que estas pessoas respeitam os *interesses dos outros* não por razões instrumentais, mas para o próprio bem dos outros.

> *Frequentemente se afirma que o Utilitarismo torna os homens frios e pouco solidários; que arrefece seus sentimentos morais em relação aos indivíduos; que os faz olhar apenas para a consideração árida e severa das consequências das ações, sem que suas apreciações morais assimilem as qualidades de que emanam essas ações. Se a afirmação pretende que o julgamento sobre a justiça ou injustiça de uma ação não deva ser influenciado pela opinião das qualidades da pessoa que a pratica, trata-se de uma queixa não contra o Utilitarismo, mas contra a adoção de qualquer padrão de moralidade; pois certamente nenhum padrão ético conhecido decide que uma ação é boa ou má porque praticada por um homem bom ou mau, e muito menos porque praticada por um*

---

52 MILL, J. S. *CW X: Whewell on moral philosophy*, p. 246-247.

homem amável, corajoso ou benevolente, ou exatamente o contrário. Essas considerações são relevantes para avaliar as pessoas, não as ações; além disso, não há nada, na teoria utilitarista, incoerente com o fato de que outras coisas nos interessam nas pessoas além da justiça ou injustiça de suas ações.[53]

3.2 O conveniente e o justo

Uma das principais objeções ao Utilitarismo reside na equiparação entre *justice* e *expediency*. Minha intenção, aqui, é procurar elucidar os prejuízos que tal equiparação possa causar.

Expediency é um termo que aparece regulamente em *utilitarianism*, o que tem provocado desde sua publicação inúmeras críticas ao Utilitarismo como uma teoria ética. A maioria das críticas ao Utilitarismo, no entanto, parece confundir as noções de *expediency* (que optamos traduzir por *conveniência*) e *utility (utilidade)*, o que tem levado a crer que *expediency* seria o padrão de moralidade e não o princípio da utilidade. Tal confusão não é surpreendente, uma vez que há uma íntima relação entre essas duas ideias. Mill já havia tentado esclarecer tal confusão, o que não resultou plenamente satisfatório. O resultado insatisfatório de sua tentativa é compreensível, porque não é fácil distinguir conveniência e utilidade tão somente definindo os dois termos e, em seguida, traçar uma linha clara entre eles.

---
53 MILL, J. S. *Utilitarianism*, p. 66 [trad. bras. p. 205- 206].

Tais noções (*expediency* e *utility*), além de completamente distintas, não são intercambiáveis, o que inevitavelmente traduz-se em um problema para quem quer compreender estas duas ideias e remover um dos mais complicados problemas para o Utilitarismo.

Podemos traduzir *expediency* como conveniente ou útil para uma finalidade específica. Para julgar se algo seria conveniente, o agente teria que pesar os vantagens e as desvantagens envolvidas em determinados meios para a realização de tal ação. Para um propósito específico, *expediency* significaria algo útil, o que implicaria que os interesses produzidos pelos meios escolhidos superariam as desvantagens eventualmente produzidas. *Expediency*, assim, pode ser compreendido como uma das dimensões da utilidade ou, em outras palavras, como utilidade imediata. No entanto, esta utilidade imediata e direcionada para um propósito particular poderia ser prejudicial a longo prazo para o agente, ou prejudicial para outros fins e outras pessoas.[54] Nesse caso, a *conveniência* não seria equivalente à *utilidade*. Segundo Mill:

> [...] *a palavra "conveniente" [...] geralmente designa o que é conveniente aos interesses particulares do próprio agente – como, por exemplo, quando um ministro sacrifica os interesses de seu país para manter-se no cargo. Quando designa algo melhor*

---

54 Um argumento chave da visão revisionista é que o Utilitarismo de Mill não impõe obrigações demasiado exigentes ao agente, não obrigando que tome todas as medidas para a maximização da utilidade sempre que realizar uma ação.

do que isso, indica o que é conveniente para um objetivo imediato, uma finalidade temporária, mas que viola uma regra cuja observância convém num grau muito mais elevado. O Conveniente, neste sentido, longe de ser idêntico ao útil, é uma variação do prejudicial.[55]

Nas palavras de Mill, nestes casos *expediency* se oporia ao *correto*.[56] Uma vez que a palavra "expediente" pode significar útil tanto para um bem comum e para um bem privado, igualar expediente com o *correto* seria um mal-entendido, segundo Mill.[57] É assim que o conveniente ou o inconveniente – no Utilitarismo de Mill – deve ser interpretado em um sentido social, e não em um sentido individual (o que daria a entender que Mill estaria defendendo o oportunismo) o que, definitivamente, não é o caso. Deste modo, quando o *expediente* é violado, não se pode afirmar que tenha havido uma ação moralmente errada. Apenas a violação de um bem comum pode ser considerada como uma questão moral. Em outros termos, a moral é um espaço especialmente importante, no qual o *expediente*

---

55 MILL, J. S. *Utilitarianism*, p. 68-69 [trad. bras. p. 209-210].
56 Ibid.
57 *Cf.* Nota 24 de *El utilitarismo*, p. 89. Segundo Esperanza Guisán "[...] El término 'utilidad', tal como es entendido dentro de la doctrina utilitarista, no guarda relación alguna con lo que vulgarmente entendemos por 'útil'. Como se desprende fácilmente de la lectura de *El Utilitarismo*, mientras que 'útil' en su uso popular se refiere a lo que produce ventajas materiales y contabilizables, 'útil' en la filosofía utilitarista significa, por el contrario, lo que produce satisfacciones de toda índole, entre las que ocupan um lugar destacado las 'espirituales' y las morales".

possui características que o diferenciam do "mero expediente" ordinário.

Assim Mill se expressa:

> *Jamais qualificamos uma ação de maléfica, sem que queiramos indicar que a pessoa deve ser de uma maneira ou outra punida por praticá-la; se não pela lei, ao menos pela opinião de seu semelhante; se não pela opinião, pela censura de sua própria consciência. Este parece ser o ponto de inflexão da distinção entre moralidade e a mera conveniência. Faz parte da noção de Dever, sob todas as formas, que uma pessoa possa de direito ser obrigada a cumprir seu dever. O Dever é uma coisa que pode ser exigida de uma pessoa, tal como se exige o pagamento de uma dívida. E não chamaremos dever o que, segundo pensamos, pode-se exigir dessa pessoa [...[Há outras coisas que, ao contrário, desejaríamos que as pessoas fizessem e, se isso ocorresse, nós as amaríamos e admiraríamos, caso contrário, talvez as detestássemos e desprezássemos, embora admitamos que não são obrigadas a fazer. Não é um caso de obrigação moral; não as censuramos, isto é, não pensamos que elas devam ser objeto de castigo [...]. Eu penso não haver dúvidas de que essa distinção esteja na base das noções de certo e errado. Chamamos uma conduta de má, ou empregamos, em vez desse, qualquer outro termo de desagrado ou desprezo, conforme pensemos que a pessoa deve ou não ser punida por tal conduta; e dizemos que seria justo proceder desta ou daquela maneira, ou simplesmente que seria desejável ou louvável que assim procedesse, conforme desejemos ver a pessoa em*

> *questão obrigada, ou apenas persuadida e exortada,*
> *a agir dessa maneira.*[58]

Da mesma forma, no sistema de filosofia moral de Mill, justiça é uma parte da moralidade, mas não toda ela.[59] Se uma ação ou uma política é chamada de correta quando se observam as regras da moralidade e errada quando se violam essas regras então seria justa apenas quando fosse moralmente correta

---

58 MILL, J. S. *Utilitarianism*, p. 93-94: "The above is, I think, a true account, as far as it goes, of the origin and progressive growth of the idea of justice. But we must observe, that it contains, as yet, nothing to distinguish that obligation from moral obligation in general. For the truth is, the idea of penal sanction, which is the essence of law, enters not only into the conception of injustice, but into that of any kind of wrong. We do not call anything wrong, unless we mean to imply that a person ought to be punished in some way or other for doing it; if not by law, by the opinion of his fellow creatures; if not by opinion, by the reproaches of his own conscience. This seems the real turning point of the distinction between morality and simple expediency. It is a part of the notion of Duty in every one of its forms, that a person may rightfully be compelled to fulfil it. Duty is a thing which may be *exacted* from a person, as one exacts a debt. Unless we thing which it might be exacted from him, we do not call it his duty [...] There are other tings, on contrary, which we wish that people should do, which we like or admire them for doing, perhaps dislike or despise them for not doing, but yet admit that they are not bound to do; it is not a case of moral obligation; we do not blame them, that is, we do not think that they are proper objects of punishment [...] I think there is no doubt that is distinction lies at the bottom of the notions of right and wrong; that we call any conduct wrong, or employ, instead, some other term of dislike or disparagement, according as we thing that the person ought, or ought not, to be punished for it; and we say that it would be right to do so and so, or merely that it would be desirable or laudable, according as we would wish to see the person whom it concerns, compelled, or only persuaded and exhorted, to act in that manner" [trad. bras. p. 252].
59 "[...] considero que a justiça baseada na utilidade seja a parte mais importante e incomparavelmente a mais sagrada e compulsória de toda a moralidade" (*Ibid.*, p. 103 [trad. bras. p. 269]).

e injusta quando fosse moralmente errada. Tal raciocínio exige cautela, pois estar moralmente correto não implica, necessariamente, ser justo, e estar moralmente errado não implica, necessariamente, ser injusto.

Além disso, se a justiça é um setor da moralidade e a moralidade é um setor de "conveniência", a justiça deve ser um setor de "conveniência", mas não em sua totalidade. Esta relação pode ser encontrada nas palavras do próprio Mill: "Sempre foi evidente que todos os casos de justiça também são casos de conveniência".[60] O contrário, todavia, não se sustenta, porque algumas questões de "conveniência" não têm relação com a justiça. Esta compreensão da relação entre *expediency*, *moralidade* e *justiça* é crucial para a compreensão do papel do princípio da utilidade na filosofia moral de Mill. Ademais, uma vez que a diferença entre o Justo e o conveniente não é uma distinção puramente imaginária, a Justiça, para Mill, é a parte mais importante e incomparavelmente a mais sagrada e compulsória de toda a moralidade. A discussão destas relações nos permite, ainda, aclarar as interpretações de Mill como um utilitarista de atos ou defendendo um Utilitarismo de regras.[61] Segundo Mill, a "Justiça designa certas categorias de regras morais que mais estreitamente dizem respeito às condições essenciais do bem-estar humano e que,

---

60 MILL, J. S. *Utilitarianism*, p. 107 [trad. bras. p. 276].
61 *Cf.* SIMÕES, Mauro Cardoso. *John Stuart Mill e o utilitarismo*. No prelo.

portanto, são mais rigorosamente obrigatórias do que todas as outras regras de conduta da vida".[62] De todos os interesses com que a justiça estaria comprometida, três se destacam: a *liberdade*, a *segurança* e a *igualdade*. A ênfase dada a cada um destes interesses – e o compromisso político com o devido suporte para que sejam garantidos – tende a sofrer variações no decorrer da história, conforme atesta Mill.

Quanto às críticas ao Utilitarismo que fazem valer a ideia de que não está preocupado com a justiça e com os chamados *direitos*, valeria a pena a leitura da obra *Utilitarianism* de Mill e o caráter emblemático de sua defesa utilitarista da justiça. Em Mill, grande parte das críticas serão, provavelmente, dirimidas ou atenuadas. É justamente ali que o autor afirma:

> Cada pessoa afirma que a igualdade é um preceito de justiça, exceto no caso em que, segundo julgam, a desigualdade se impõe pelo que é conveniente.[63] (grifos meus).

Podemos ainda nos perguntar se o conteúdo da afirmação milleana nos permitiria considerá-lo como defendendo um posição *perfeccionista* em seu Liberalismo e Utilitarismo. Seria isso que Mill estaria propondo ao afirmar:

> Considero a utilidade como a solução última de todas as questões éticas, devendo-se empregá-la, porém, em seu sentido amplo, a saber, a utilidade

---
62 MILL, J. S. *Utilitarianism*. p. 103 [trad. bras. p. 269].
63 *Ibid.*, p. 90 [trad. bras. p. 248].

> *fundamentada nos interesses permanentes do homem com um ser de progresso?*[64]

A posição de Brink parece ser a mais acertada sobre o tema, apesar de não a analisarmos neste trabalho.

3.3 Rediscutindo o conceito de Utilidade

O conceito de *utilidade* passou por uma série de transformações desde sua formulação por Jeremy Bentham e sua matização por John Stuart Mill. Segundo Bentham, por utilidade deve-se entender a promoção da felicidade para o maior número.

Para Mill, a noção de *Felicidade* deve ser entendida em seu sentido amplo, abarcando desde a virtude, a segurança e o bem-estar, até o cultivo da individualidade, da liberdade e da justiça, para citar alguns.

Desde então, muitas críticas que foram dirigidas ao Utilitarismo podem ser resumidas do seguinte modo:
- o Utilitarismo sacrifica os interesses de uma minoria pelo bem-estar da maioria;
- o Utilitarismo poderia, sob determinadas condições, permitir que se possam violar os direitos dos indivíduos em nome dos maiores benefícios para a maioria e sua felicidade.

---

64 *Cf*. A análise do perfeccionismo em Mill na obra de BRINK, David. *Mill's progressive principles*. Oxford: Oxford University Press, 2013.

Se concordarmos com a afirmação de David Miller e Richard Dagger, de que "o Utilitarismo segue sendo uma corrente poderosa entre os economistas, especialmente útil para aqueles que estudavam a 'economia do bem-estar' ",[65] precisamos entender o que se entende por *utilidade* e a profunda transformação por que tem passado.

Em primeiro lugar, deve-se ter conta que Mill não inclui uma defesa do welfarismo, interpretado por Amartya Sen como a causa principal do problema da restrição informacional. Em segundo lugar, o Utilitarismo de Mill jamais negligenciou direitos ou liberdades; estes são componentes essenciais em sua concepção de felicidade.

John Stuart Mill publicou *Utilitarianism* no ano de 1861. Cento e dez anos se passaram até que fosse publicada a obra de John Rawls, *Uma teoria da justiça* (1971). Nesse período, o Utilitarismo passou por inúmeras transformações, bem como o sentido que passa a ocupar na filosofia e na economia o termo *utilidade*. Essas mudanças se fizeram sentir no interior do próprio Utilitarismo, que passou a ser confundido com as versões defendidas no terreno da moderna economia. O termo passa, então, a ter sentido distintos na economia e na filosofia. Um dos primeiros equívocos pode ser notado ao se interpretar *utilidade* como "intensidade do desejo", definição que passa a

---
65 MILLER, David; DAGGER, Richard. Utilitarianism and beyond: contemporary analytical political theory. In: *The Cambridge history of twentieth-century political thought*, 2003.

ser corrente entre os economistas do bem-estar na Inglaterra da primeira metade do século XX.

A segunda transformação do sentido de *utilidade* ocorreu na década de 1930, quando se buscava superar as dificuldades de mensuração e comparação interpessoal de *utilidade*. Isto levou a que economistas buscassem em Pareto, e em seu conceito de utilidade ordinal, o substitutivo ao conceito de utilidade cardinal, visão predominante até então na economia do bem-estar.[66] Ainda segundo Broome, este novo sentido para o termo *utilidade* não mais representaria a satisfação dos agentes, mas ao que é *preferido*; assim, *utilidade* passou a ser interpretada como a representação das *preferências* de uma pessoa, tornando-se a definição inquestionada (mas não inquestionável) do termo *utilidade*.

O termo *utilidade* continuou a ser utilizado por economistas, apesar de seu significado haver sofrido transformações ininterruptas desde sua formulação por Bentham e Mill. Do mesmo modo, a "meta" de *maximizar* a utilidade total também continuou presente na economia, mesmo após o significado ter sido alterado consideravelmente.

---

66 *Cf.* BROOME, John. Utility. *In: Economics and philosophy,* v. 7, 1991, p. 1-12: Neste texto, Broome reconstrói o significado original do termo *utilidade*, destacando que se inicialmente denota a propriedade de um objeto, na economia passou a se referir ao prazer obtido pelo agente. Isso tem sido objeto de equívocos, pois nesse último sentido, a utilidade passa a ser entendida como preferências ordinais do agente. Outro sentido que em economia se usa é o da utilidade entendida como a medida ou o bem-estar que um determinado objeto proporciona ao agente. Esta é a visão cardinal da utilidade. Para Broome, esta transformação tem sua origem no trabalho "A reconsideration of the theory of value", de John Hicks e Roy Allen.

Podemos compreender este "desenvolvimento" de dois modos: o *primeiro* seria examinar o processo de tomada de decisão pelo agente racional; o *segundo* modo seria investigar a função do bem-estar e a tomada de decisão política. Para Rawls, sua teoria da justiça ampara-se no segundo. Ainda é preciso destacar que, quando Sen ou Rawls estão criticando o Utilitarismo, fazem-no utilizando um sentido muito distante de *utilidade* daquele proposto por Mill, compreendendo-o, antes, como a "abordagem da maximização dos bem-estares individuais agregados" em sentido amplo.[67] Assim, é preciso fazer justiça a Mill (e a Bentham), pois não há qualquer relação entre o princípio de promoção da felicidade (ou utilidade) e a doutrina da maximização tal qual defendida na moderna teoria da escolha racional. Ademais, o Utilitarismo milleano procura *promover* a felicidade, e não a maximizar.

Com a publicação em 1971 da obra *A theory of justice* (*Uma teoria da justiça*) de John Rawls, o conceito de *utilidade* passa a ser compreendido sob a forma mais recente das que acabamos de apontar, e a obra de Amartya Sen, *The collective choice and social welfare* contribuiu significativamente para esta nova visão sobre o modo de interpretar o princípio de *utilidade*.

De acordo com Sen, o Utilitarismo pode ser compreendido a partir de três características fundamentais, e sobre estas características tem se baseado

---

67 SEN, Amartya. *The collective choice and social welfare*. San Francisco: C. A. Holden-Day, 1970a.

a compreensão de economistas, filósofos e cientistas políticos sobre o *Utilitarismo*. As três características apontadas por Sen são estas:

> – Bem-estar, *que requer que a bondade de um estado seja somente uma função da informação sobre a utilidade relativa a este estado;*
> – Ordenação mediante a soma, *que requer que a informação sobre a utilidade referente a qualquer estado se avalie considerando só a soma total das utilidades nesse estado;*
> – Consequencialismo, *que requer que cada eleição, seja de ações, instituições, motivações, normas etc. seja determinado finalmente pela bondade do estado social consequente.*[68]

Estas características, analisadas em seguida por Sen, colaboraram para interpretar o Utilitarismo do seguinte modo: é negligenciador de direitos e liberdades; é indiferente à distribuição de utilidades entre indivíduos; não é uma base confiável para o julgamento do bem-estar individual.

Curiosamente, a crítica de Sen não parece atingir o Utilitarismo milleano (e o *Utilitarismo clássico* como um todo); ao contrário, nas poucas ocasiões em que faz alusão a Mill, trata-o de forma muito abrangente e não chega a utilizar seus escritos de forma direta para apoiar suas críticas ao Utilitarismo. Chega inclusive a admitir a forte influência de Mill em suas ideias, demonstrando bastante satisfação em pertencer "a

---

68 SEN, Amartya. *Sobre ética y economia*. Madrid: Alianza Editorial, 1987, p. 56.

uma tradição em que Mill é uma figura de destaque".[69] Parece-me, inclusive, que há proximidades suficientemente importantes entre o pensamento de Sen e Mill, que não examinaremos aqui. Quanto a Rawls, toda a crítica que faz ao Utilitarismo erra completamente o alvo. Sua compreensão diz respeito à teoria utilitarista econômica, e não ao Utilitarismo como uma teoria moral e política. Não há, assim, em todos os elementos críticos apresentados por Rawls, nenhum que esteja presente no Utilitarismo clássico e no Utilitarismo milleano em particular.

3.4 Mill e a democracia

Um dos problemas mais importantes da democracia seria, de acordo com Mill, a tirania da maioria. Esta preocupação adquire sentido na medida em que se tem o advento e desenvolvimento da soberania popular expressa na ideia de democracia. Mill prepara, então, uma defesa da democracia representativa, considerando-a como a melhor forma de soberania, entendida como soberania delegada. Minha preocupação aqui, no entanto, não é examinar a compreensão milleana da democracia representativa, mas assinalar alguns elementos de sua análise, conectando-os com os demais temas deste livro.

---
69 SEN, Amartya. Reason, freedom and well-being. *In*: *Utilitas*, v. 18, n. 1, 2006, p. 91.

Richard Arneson, em seu texto "Democracy and liberty in Mill's theory of government",[70] examina as alegadas inconsistências entre *On liberty* e *Considerations on representative government*. De acordo com Arneson, a primeira obra contém uma defesa antipaternalista da liberdade, enquanto a segunda deixa evidente uma concepção paternalista com elementos antidemocráticos em seu pensamento, principalmente quando Mill afirma que o Parlamento não deveria planejar as leis — mas apenas aprová-las ou rejeitá-las (tais leis deveriam ser elaboradas por uma comissão especialmente formada para tal fim). Arneson ainda acredita que, no sistema de voto plural, a vontade expressa da maioria dos cidadãos que subscrevam uma política de governo que diga respeito exclusivamente a si mesmos, seria restringida pela vontade de uma minoria supostamente esclarecida. Tal minoria julgaria que a maioria dos cidadãos estaria enganada quanto aos seus verdadeiros interesses em relação à política que prontamente acolhem.[71] Ainda de acordo com Arneson, Mill teria rejeitado o paternalismo para ações autorreferentes, todavia aceitando-o para "other-regarding actions". Isto evidenciaria um desacordo entre os propósitos das duas obras[72] e seria um dos principais motivos para que objeções ao seu pensamento possam ser formuladas.

---

70 ARNESON, Richard. Democracy and liberty in Mill's theory of government. *In*: *Journal of the history of philosophy*, v. 20, n. 1, p. 43-64, 1982.
71 *Ibid.*, p. 46.
72 *Ibid.*, p. 47, 55.

Tal intepretação não é, no entanto, tão facilmente defensável. As dificuldades seriam essas: não estaria suficientemente claro em que sentido o esquema do voto ponderado de Mill seria fortemente paternalista e inconsistente com o antipaternalismo de *On liberty*. A votação ponderada não negaria à classe trabalhadora uma voz na formação de políticas que lhes dizem respeito. Não seria, também, uma restrição à liberdade das classes trabalhadoras em seu próprio benefício; isto não significa que o voto ponderado permita o controle de todas as decisões que afetem suas vidas. Tal garantia não seria possível nem em uma democracia com voto igualitário.

É possível, como se pode interpretar, olhar para o Liberalismo milleano com matizes democráticos. Uma vez que os cidadãos podem ser melhorados por intermédio da educação, evidenciando sua preocupação com o sistema educativo e com a redução das desigualdades sociais, a classe trabalhadora pode participar ativamente, segundo o melhor de suas capacidades (ainda que não se especifiquem quais capacidades seriam estas), e tornarem-se membros iguais da comunidade política e do sistema democrático de governo.

De acordo com Mill, a reivindicação de sabedoria ou de melhor competência para a representação política pode ser entendida como uma exigência e necessidade de participação do "público" nas decisões coletivas, evitando que uma pessoa alegadamente sábia ou um pequeno grupo de indivíduos possam governar.

Mill estaria, aqui, seguindo a argumentação de Tocqueville, de que uma sociedade liberal estaria próxima à regra do sábio, aumentando a participação e a competência, sendo obscura qualquer reivindicação de sabedoria real seria, em vez de decisiva. Mill não sacrificaria, deste modo, a individualidade dos cidadãos, mantendo a expectativa de que a introdução de reformas políticas poderia colaborar a tornar indivíduos em cidadãos ativos. Esta posição é defendida de forma contundente no capítulo 3 de *On liberty*: "A individualidade com um dos elementos do bem-estar", capítulo no qual se pode encontrar a tese que afirma ser a individualidade o centro do florescimento pessoal e social e seu compromisso com o aperfeiçoamento de uma sociedade ao mesmo tempo livre e igual.

> *Após afirmar que a individualidade e desenvolvimento são a mesma coisa, e que apenas o cultivo da individualidade produz, ou pode produzir, seres humanos bem desenvolvidos, poderia encerrar aqui a argumentação; pois o que mais ou melhor se pode dizer a respeito de qualquer condição das questões humanas, senão que aproxima os seres humanos do que melhor podem atingir? Ou o que de pior se pode dizer sobre qualquer obstáculo ao bem, senão que impede esse progresso?* [73]

---

73 MILL, J. S. *On liberty*, p. 64-65 [trad. bras. p. 97-98].

3.5 Mill e o déficit democrático

Preocupado com os eventuais déficits da democracia, Mill acredita que sejam necessários dispositivos que possam controlar os seus excessos, ajustando-a para que se obtenha o seu melhor funcionamento.

Estes dispositivos podem ser resumidos do seguinte modo:

Rejeição do voto secreto – o que permitiria uma maior transparência na prestação de contas (*accountability*) aos demais membros da comunidade política; rejeição das promessas de campanhas (o que evitaria que os representantes tenham que se ater aos compromissos contraídos e sejam impedidos de atuar mais eficazmente em seus mandatos, agindo em defesa do bem comum); adoção de um sistema hierarquizado de emancipação, tendo cada adulto independente direito a um voto, mas os eleitores adultos "mais sofisticados" teriam direito a vários votos (isto teria a finalidade de proporcionar uma maior representatividade para a opinião informada e qualificada); uma "Comissão de Codificação", que seria encarregada pela elaboração da legislação (este dispositivo permitiu a Mill repensar o papel do Parlamento no processo legislativo como uma das instâncias que aprova, em vez de elaborar a respectiva legislação); unicameralismo, pressupondo que um órgão deliberativo superior (Senado) não seria necessário para aumentar a competência legislativa.

Com estes dispositivos, Mill espera que o conhecimento e a administração bem ordenada (unitária) sejam um substituto forte para que se requeira sabedoria da pessoa que deva governar. Assim, sua versão da democracia representativa não parece exigir – até neutraliza – uma elite intelectual para a condução do governo. Cabe lembrar que a concepção política da democracia de Mill não identifica, entre outras coisas, a noção de participação e bem comum com os interesses do burguês ou do capitalista, como muitos admitem. Sua democracia liberal consegue dar o devido suporte às demandas da classe trabalhadora e evita que uma classe política possa estar imune às disputas de classe presentes no interior da sociedade.

IV.
Individualidade e liberdade segundo John Stuart Mill

Este capítulo visa apresentar e analisar alguns temas que representam significativamente o pensamento de Mill, tais como a noção de Individualidade e de Liberdade de Discussão, sendo esta calcada em um parâmetro de racionalidade falibilista: a falibilidade como estratégia para se conduzir uma discussão sem a pretensão de infalibilidade. Mill procurou desativar os argumentos que fazem valer a tese de que opiniões erradas devem ser descartadas, o que ocorre sem que haja a devida tematização de seu conteúdo. Procurar-se-á, em seguida, analisar alguns matizes do pensamento milleano, com especial enfoque nas ideias estabelecidas por Mill e as críticas estabelecidas por Henry John McCloskey.

4.1 Individualidade e razão

Em seus escritos políticos e morais, Mill insiste na realidade e na importância da liberdade e da espontaneidade humana. Ao afirmar a realidade da individualidade humana, Mill nega sua redutibilidade ao simples prazer e dor, ou a qualquer outra coisa; ao afirmar a importância absoluta do *autodesenvolvimento*, ele identifica o bem-estar do indivíduo a uma espécie de prazer completamente diferente da felicidade passiva. E será com esta nova visão da busca da felicidade que Mill será conduzido às conclusões que se distinguem das de muitos filósofos da velha geração utilitarista.

Para Mill, a individualidade é, de uma parte, uma consciência de si enquanto sujeito empírico, finito e determinado. De outra parte, ela é consciência de si como um "eu" irredutível, livre e universal. Como sujeito empírico, o indivíduo é chamado a participar da vida política, social e econômica. Ele deve se mostrar responsável e se conformar às regras e às leis. Como "eu" abstrato, o indivíduo é uma subjetividade livre de qualquer coisa. Ele se destaca por sua existência determinada para criar seu próprio mundo. Como individualidade, o indivíduo deve saber conjugar harmoniosamente a si mesmo e aos demais, evitando que um dos dois possa se desenvolver em detrimento do outro. Neste sentido, o princípio da individualidade, aplicado ao "conformismo" e à "mediocridade coletiva" da sociedade vitoriana, deve sustentar um espírito de liberdade, incentivando as operações reflexivas – o autodesenvolvimento, o autoaperfeiçoamento, a autoformação, o autorrespeito, a consciência e a honra –, aspectos importantes que os utilitaristas clássicos negligenciaram. É por esta razão que a contribuição de Mill é um complemento importante para a reflexão utilitarista.

Há também outro ponto que faz a teoria da individualidade, segundo Mill, revestir-se de grande importância. É que a noção de autodesenvolvimento ou individualidade é puramente formal. Ela não contém qualquer informação sobre o tipo de valores e modos de vida que se devem adotar, não possuindo a forma de um princípio de ação e de vida criativa, um princípio a que cada indivíduo tem a liberdade de atribuir o conteúdo que melhor atende às suas preferências e necessidades.

Tomado neste sentido, o autodesenvolvimento torna-se inteiramente subjetivo. Para se saber o conteúdo, é necessário que o potencial de cada um possa ser alcançado, e isso só é possível por meio de um clima de liberdade e espontaneidade. Mill talvez tenha pensado na educação planejada por seu pai quando escreve: "Não há razão alguma para que toda existência humana se construa segundo certo modelo, ou um número limitado de modelos".[74]

Sinônimo de escolha, de autoafirmação e de criação, o princípio da individualidade é o que melhor se adequa aos propósitos radicais de Mill, que tem o ideal de vida como uma luta permanente para a melhoria das imperfeições "naturais"[75] de pessoas e coisas.

No entanto, se o princípio da individualidade é considerado, por quase todos, como um elemento importante para a filosofia em geral e para a doutrina utilitarista em particular − e declaradamente defendida por Mill −, muitos o consideram contraditório

---

74 MILL, J. S. *On liberty*, p. 67: "There is no reason that all human existence should be constructed on some small number of patterns" [trad. bras. p. 103].
75 *Cf.* MILL, J. S. *Nature*. Three essays on religion. Essays on ethics, religion and society. *In*: *Collected works of John Stuart Mill*, p. 377-384.

com o princípio da utilidade, ao qual Mill se refere brevemente na introdução de *On liberty*.[76]

4.2 Liberdade de pensamento e liberdade de expressão: em torno do argumento da falibilidade humana

No capítulo 2 de *On liberty*, intitulado "Da liberdade de pensamento e discussão", Mill adverte seus leitores:

> [...] *aqueles para quem nada do que vá dizer seja novidade poderão desculpar-me, conforme espero, se me aventuro a discutir uma vez mais um assunto que durante os últimos três séculos tantas vezes foi discutido.*[77]

Um século e meio depois de Mill, as possibilidades de análise deste capítulo não estão esgotadas e seus temas ainda são dotados de uma atualidade impressionante. Se o tema da liberdade de pensamento, ao qual está indissoluvelmente ligada a liberdade de falar e de escrever é, em si, familiar ao público depois de séculos, a abordagem que Mill realiza é inteiramente nova, seja por sua fundamentação, quer por suas conclusões.

---

76 MILL, J. S. *On liberty*, p. 14: "I regard utility as the ultimate appeal on all ethical question" [trad. bras. p. 19].
77 *Ibid.*, p. 18: "Those to whom nothing which I am about to say will be new, may therefore, I hope, excuse me, if on a subject which for now three centuries has been so often discussed, I venture on one discussion more" [trad. bras. p. 25].

Em primeiro lugar, o contexto é diferente. A defesa do princípio da livre discussão, no segundo capítulo de *On liberty*, não é de ordem "tática", uma defesa para combater, por exemplo, o despotismo político; para utilizar a expressão de Fred G. Berger, esta defesa é de ordem "estratégica".[78] Enquanto seus predecessores, diz Mill, fazem referência ao princípio da liberdade de expressão como uma segurança contra "os governos corruptos e tirânicos", ele o evoca e defende em todas as circunstâncias, sob todos os governos, tanto os melhores como os piores. Sobre esse ponto, Mill se distingue implicitamente dos utilitaristas: "Suponhamos – escreve Mill – que o governo esteja inteiramente de acordo com o povo e nunca pense em exercer nenhum poder de coerção, a não ser em concordância com o que julga ser a voz do povo".[79] Este poder, mesmo nestas condições, é também "ilegítimo" e tão ou mais "[...] nocivo quando exercido em conformidade com a opinião pública que quando em oposição a ela".[80]

Além disso, os argumentos são novos. Se o homem é *falível*, toda censura de opiniões contrárias é uma pretensão de *infalibilidade*. A discussão,

---

78 BERGER, Fred G. *Happiness, justice and freedom: the moral and political philosophy of John Stuart Mill*. Berkeley; London: University of California Press, 1984, p. 271.
79 MILL, J. S. *On liberty*, p. 20: "Let us suppose, therefore, that the government is entirely at one with the people, and never thinks of exerting any power of coercion unless in agreement with what it conceives to be their voice" [trad. bras. p. 28].
80 *Ibid.*, p. 20: "[...] noxius, when exerted in accordance with public opinion, than when in opposition to it" [trad. bras. p. 28-29].

neste sentido, não pode ter outro limite senão a ausência de parecer contrário, e aqueles que procuram defender crenças e ideias deveriam estar abertos à discussão, a fim de verificar sua possível verdade.

Por último, as consequências são também diferentes. Os fundamentos da liberdade de expressão são, para Mill, inseparáveis dos fundamentos das outras liberdades fundamentais, notadamente a liberdade de ação ou o direito à individualidade, que compõe o princípio da liberdade humana.

> *Tais fundamentos, quando entendidos corretamente, prestam-se a uma aplicação bastante ampla, não se restringindo a uma única divisão do assunto, e por isso se verificará que uma consideração direta dessa parte da questão constitui a melhor introdução ao restante.*[81]

Mas, será a busca da verdade incompatível com a preservação da individualidade? A leitura de *On liberty* nos mostra que, ao contrário, a busca da verdade e a busca da individualidade são indissociáveis. Elas constituem os dois ramos de um mesmo tronco, o princípio da liberdade.

Antes de detalhar as críticas de McCloskey quanto à plausibilidade da defesa da liberdade de expressão e à validade de seus argumentos, exporei

---

81 MILL, J. S. *On liberty*, p. 17: "Those grounds, when rightly understood, are of much wider application than to only one division of the subject, and a thorough consideration of this part of the question will be found the best introduction to the remainder" [trad. bras. p. 25].

os quatro argumentos que alicerçam a defesa da liberdade de pensamento e discussão, no capítulo 2 de *On liberty*, cuja conclusão é a célebre fórmula:

> Se todos os homens menos um partilhassem a mesma opinião, e apenas uma única pessoa fosse de opinião contrária, a humanidade não teria mais legitimidade em silenciar esta única pessoa do que ela, se poder tivesse, em silenciar a humanidade.[82]

Apresento, agora, as quatro razões que justificam esta conclusão ultraliberal de Mill.

> Em primeiro lugar, uma opinião reduzida ao silêncio pode, pelo menos nos é dado a conhecer com certeza, ser verdadeira. Negá-lo é afirmar nossa própria infalibilidade. Em segundo lugar, embora a opinião silenciada seja um erro, pode conter, e muito comumente contém, uma parcela de verdade; e como raras vezes ou nunca a opinião geral ou dominante sobre um assunto qualquer constitui a verdade inteira, é apenas pelo choque de opiniões adversas que o resíduo da verdade tem alguma possibilidade de se produzir. Em terceiro lugar, mesmo se a opinião recebida for não apenas verdadeira, como ainda a verdade toda, a menos que se permita contestá-la e que realmente seja contestada vigorosa e veementemente, muitos dos que a recebem a professarão como um preconceito, sem compreender ou sentir

---

82 MILL, J. S. *On liberty*, p. 20: "If all mankind minus one, were of one opinion, and only one person were of the contrary opinion, mankind would be no more justified in silencing that one person, than he, if he had the power, would be justified in silencing mankind" [trad. bras. p. 29].

seus fundamentos racionais. E, em quarto lugar, não apenas isso, mas o significado da própria doutrina correrá o risco de se perder ou enfraquecer, e carecer de seu efeito vital sobre o caráter e a conduta: o dogma se torna simplesmente uma manifestação formal, ineficaz para promover o bem, mas que tolhe o fundamento, impede o crescimento de qualquer convicção real e sincera, seja oriunda da razão, seja da experiência pessoal.[83]

À primeira vista, os argumentos utilizados por Mill para defender a liberdade de expressão são simples. Ele próprio os resume da seguinte forma: "Nunca podemos ter certeza de que seja falsa a opinião que tentamos sufocar; e, se tivéssemos certeza, sufocá-la seria, ainda assim, um mal".[84] Se procedermos a uma avaliação de como esses argumentos são

---

83 MILL, J. S. *On liberty*, p. 53-54. "First, if any opinion is compelled to silence, that opinion may, for aught we can certainly know, be true. To deny this is to assume our own infalibility. Secondly, though the silenced opinion be an error, it may, and very commonly does, contain a portion of truth; and since the general or prevailing opinion on any subject is rarely or never the whole truth, it is only by the collision of adverse opinions that the remainder of the truth has any chance of being supplied. Thirdly, even if the received opinion be not only true, but the whole truth; unless it is suffered to be, and actually is, vigorously and earnestly contested, it will, by most of those who receive it, be held in the manner of a prejudice, with little comprehension or feeling of its rational grounds. And not only this, but, fourthly, the meaning of the doctrine itself will be in danger of being lost, or enfeebled, and deprived of its vital effects on the character and conduct: the dogma becoming a mere formal profession, inefficacious for good, but cumbering the ground, and preventing the growth of any real and heartfelt conviction, from reason or personal experience" [trad. bras. p. 80-81].
84 *Ibid.*, p. 20: "We can never be sure that opinion we are endeavouring to stifle is a false opinion; and if we were sure, stifling it would be an evil still" [trad. bras. p. 29].

desenvolvidos, descobriremos que o resumo elaborado por Mill é muito simplificado.

Um destes argumentos fundamentais está baseado na noção de *falibilidade* humana.

> Em primeiro lugar, a opinião que a autoridade tenta talvez suprimir talvez possa ser verdadeira. Certamente, os que desejam suprimi-la negam-lhe verdade, embora eles mesmos não sejam infalíveis.[85]

A escolha do argumento da falibilidade para abrir a defesa da liberdade de expressão não é ao acaso. Há, pelo menos, duas razões principais. A primeira é que todos os homens reconhecem sem dificuldade que são, por natureza, falíveis. A segunda é que esta evidência faz com que o homem seja "[...] capaz de retificar seus erros pela discussão e experiência. Não apenas pela experiência".[86] Mill não poderia encontrar melhor suporte para sua defesa da liberdade de discussão que este contraste entre o julgamento abstrato e as práticas dos homens.

Reconhecer nossa falibilidade é reconhecer que todas as nossas ideias e crenças são provisórias, que elas estão relacionadas com outras, e que a única maneira de verificar se as nossas opiniões são verdadeiras é assegurando que nenhuma opinião contrária tenha

---

85 MILL, J. S. *On liberty*, p. 20-21: "First: the opinion which it is attempted to suppress by authority may possibly be true. Those who desire to suppress it, of course deny its truth; but they are not infallible" [trad. bras. p. 29].
86 *Ibid.*, p. 23: "[...] capable of rectifying his mistakes, by discussion and experience. Not by experiency alone" [trad. bras. p. 33].

sido negligenciada. Reconhecer nossa falibilidade é reconhecer que não existe base racional que justifique a censura de opiniões dissidentes, sendo possível que estas opiniões sejam verdadeiras e que as nossas sejam falsas e, se este for o caso, teremos perdido os benefícios desta verdade eliminada.

O fato de um grupo de indivíduos, uma sociedade inteira, ou mesmo uma época compartilhar uma opinião não prova, de modo algum, que seja verdadeira. O número de adesões a uma opinião não é, para Mill, critério de verdade. Ao contrário, a história nos ensina que as ideias mais resistentes, as que tiveram maior impacto sobre o progresso da humanidade, foram ideias de indivíduos dissidentes e perseguidos.

Este argumento em favor da liberdade de discussão contém, duas partes. A primeira se funda sobre um princípio puramente lógico: "Todo silêncio que se impõe à discussão equivale à presunção de infalibilidade".[87] O segundo é muito mais concreto. Além dos três exemplos representativos da perseguição de ideias e valores, nos quais a contribuição ao progresso geral da humanidade tem de ser considerado (Sócrates, Jesus Cristo e Marco Aurélio), Mill também tem a história intelectual da Europa por testemunho.[88] As duas partes do argumento têm, portanto, não só o objetivo de mostrar os equívocos a que estaremos sujeitos se recusarmos tolerar a liberdade

---

87 MILL, J. S. *On liberty*, p. 21: "All silencing of discussion is an assumption of infallibility" [trad. bras. p. 30].
88 *Cf.* MILL, J. S. *On liberty*, p. 36 [trad. bras. p. 54].

de discussão, ou se não reconhecermos a verdade, mas também afirma que, se o fizermos, estaremos recusando a possibilidade de que nossas opiniões possam ser verificadas e corrigidas.

4.3 As críticas de Henry John McCloskey a Mill

Segundo Henry John McCloskey,[89] o argumento da *infalibilidade* simplesmente reforça o dever de se respeitar a pessoa humana. De resto, ele pensa que nenhum dos argumentos utilizados por Mill seja sólido o suficiente para justificar a liberdade absoluta de expressão e de discussão. De todos os ataques contra o princípio da discussão de Mill, o longo artigo de McCloskey é, na verdade, uma das críticas mais detalhadas e radicais. Apresentarei aqui um resumo. Para Mill, o fato de que todo ser humano seja falível, e que a verdade só possa surgir por meio da confrontação de perspectivas opostas, necessitaria de liberdade absoluta de expressão e discussão. Logo, se quisermos provar a inexistência de uma verdade cognitiva das poucas áreas da vida − religião, arte, gostos − e, além disso, ficar provado que existem opiniões absolutamente verdadeiras e que, de acordo com isso, se possa censurar uma falsa opinião, o caso da total liberdade de expressão não tem validade.

---

89 *Cf.* McCLOSKEY, H. J. Liberty of expression, its grounds and limits. *In: Inquiry*, n. 13, 1970, p. 223.

Esta objeção fundamental, a qual McCloskey constantemente reitera para desafiar todos os argumentos em favor da liberdade de discussão no capítulo 2 de *On liberty* é, na verdade, uma resposta direta ao que ele chama de "o argumento substancial" de Mill, a saber, o argumento da infalibilidade. Evidentemente, McCloskey não pretende contestar o direito de manifestação e de discussão. No entanto, ele se recusa a qualificar este direito como absoluto. Esta objeção não chega a ser uma resposta aos argumentos apresentados por Mill. Quando Mill tentou provar que a verdade não é propriedade exclusiva de um indivíduo, um grupo ou um tempo, o seu objetivo não era a prova de que nenhuma pessoa seja dona da verdade ou que a verdade nunca tenha existido. O segundo argumento trata das possibilidades nas quais a opinião é admitida como verdade. Na verdade, Mill quer simplesmente dizer que toda pessoa tem direito, e que isto faz parte da "dignidade de ser pensante",[90] de procurar a verdade, de compreendê-la e de contestá-la quando parecer necessário ou possível. Mesmo antes de se deter na exploração da verdade, o que parece ser o único aspecto importante aos olhos de McCloskey, mas também de Fitzjames Stephen, há um outro benefício igualmente importante para Mill, o efeito liberador da discussão sobre a inteligência humana. Como em sua ética, em que o prazer só é válido se for de boa qualidade, em sua "ética" epistemológica a verdade

---

90 *Cf.* MILL, J. S. *On liberty*, p. 36 [trad. bras. p. 54].

só tem sentido se a pessoa que a possui for alguém livre e intelectualmente ativo.

A posse da verdade não pode, por si só, modificar ou elevar o homem comum que, uma vez a aceitando, passaria a repeti-la, não entendendo como usá-la para refinar seu espírito ou corrigir seu caráter.

> *A verdade, [explica Mill], ganha mais até mesmo com erros de alguém que, com o devido estudo e preparo, pensa por si mesmo, do que com as verdadeiras opiniões dos que apenas as professam por não se permitirem pensar. Não que a liberdade de pensamento seja necessária única ou principalmente para formar grandes pensadores. Ao contrário, é tanto ou mais indispensável para possibilitar aos seres humanos médios atingir a estatura mental de que são capazes. Houve, e pode ainda haver, grandes pensadores individuais numa atmosfera generalizada de escravidão mental. Mas nunca houve, nem haverá, nessa atmosfera, um povo intelectualmente ativo.*[91]

McCloskey propõe, e penso que isto seja um equívoco, analisar o argumento da falibilidade, isolando-o

---

91 MILL, J. S. *On liberty*, p. 36: "Truth gains more even by errors of one who, with due study and preparation, thinks for himself, than by the true opinions of those who only hold them because they do not suffer themselves to think. Not that it is solely, or chiefly, to form great thinkers, that freedom of thinking is required. On the contrary, it is a much and even more indispensable, to enable average human beings to attain the mental stature which they are capable of. There have been, and may again be, great individual thinkers, in a general atmosphere of mental slavery. But there never has been, nor ever will be, in that atmosphere, an intellectually active people" [trad. bras. p. 53].

dos demais argumentos.⁹² Isto porque, antes mesmo de começar a argumentação, Mill salienta a necessidade de se compreender os fundamentos da falibilidade na íntegra.⁹³ E, mesmo que alguém isole este argumento, não vejo, no entanto, como ele pode ser enfraquecido pelo simples fato de algumas decisões serem verdadeiras. Para Mill, algo pode ser admitido como provisoriamente verdadeiro somente se toda objeção tiver sido discutida. Se, portanto, estivermos em condições de afirmar a sua verdade, hoje, é impossível que estejamos, no entanto, capazes de garantir o que será amanhã. Esta posição, que incentiva o espírito humano a manter-se aberto para recuperar ousadamente a "questão", é a essência do argumento da falibilidade humana que McCloskey ataca.

Este é um exemplo do julgamento infalível, para McCloskey:

> *Eu mesmo não encontro nenhum sinal de falsa modéstia ou arrogância quando afirmo com certeza que alguns julgamentos morais são infalíveis, tendo em consideração, por exemplo, a maneira sádica com que pais frustrados torturam seus filhos, seja um mal absoluto. E não vejo como alguém possa mostrar-me como este julgamento esteja errado.*⁹⁴

---

92 *Cf.* McCLOSKEY, H. J. Liberty of expression, its grounds and limits. In: *Inquiry*, n. 13, 1970, p. 224.
93 Para melhor compreender a necessidade da análise dos fundamentos, indico o último parágrafo da introdução de *On liberty*.
94 *Ibid.*, p. 225.

Na verdade, McCloskey responde a si mesmo. Se ele deseja realmente conhecer a verdade de seu julgamento, deve necessariamente estar aberto a ouvir qualquer opinião contrária à sua; o que é impossível se a liberdade de expressão não é absoluta. Evidentemente, esta conclusão não é aquela que McCloskey sustenta ao propor seu exemplo. Seu objetivo, ao contrário, é legitimar a proibição de toda opinião contrária, como parece a seus olhos. Sua questão "não vejo como alguém possa mostrar-me como este julgamento esteja errado" é, então, contraditória. Ela não pode justificar a conclusão pretendida, mas, paradoxalmente, apoia a de Mill.

Há, no entanto, uma crítica que parece mais relevante, para demonstrar a legitimidade de se censurarem as falsas opiniões. McCloskey faz apelo à "lei" utilitarista. Para se ter uma ideia clara desta demonstração, exponho seu texto.

> Se a liberdade de expressão é limitada a opiniões verdadeiras, os ganhos serão maiores que as perdas [...]. O que se vai ganhar ou perder, de fato, se alguém não reconhece a liberdade de expressão, que professam a teoria de que a terra é plana, teorias médicas falsas e perigosas, mentiras sobre os efeitos do tabaco ou sobre a utilização de pílulas contraceptivas [...]? Entre os novos males que se censuram, e as falsas opiniões podem ser bem o caso, há que se considerar como uma insubordinação rebelde, que continua a manifestar tais opiniões como um criminoso ou, pelo menos, considerar seu ato como uma violação da lei.

> *Contudo [...] devemos esperar que o número de rebeldes diminua constantemente. Entre os outros possíveis problemas podemos também temer a polícia e os magistrados que, ao ordenar a censura, abusam deste poder. Mas, isto só é possível se permitirmos a expressão de opiniões falsas e proibirmos as opiniões verdadeiras de se exprimir. Em comparação, no entanto, o ganho será imenso. Para além da vantagem de possuir opiniões reais, e de ver uma maioria muito maior de homens capazes de gerir os seus assuntos, devido aos obstáculos jurídicos e políticos que impedem, a realização da verdadeira felicidade e o autodesenvolvimento será eliminada. Além disso, a vida será mais razoavelmente planejada com base em conhecimentos reais. Neste contexto, o mais importante é saber a* **verdade** *e não os argumentos em que se baseiam.*[95] (grifo nosso)

O fundamento utilitarista desta crítica faz apelo, sem dúvida, à noção de felicidade. No entanto, trata-se de um Utilitarismo que está longe de ser o de Mill, se não for o seu oposto. Para Mill, "a verdade de uma opinião faz parte de sua utilidade".[96] Esta é a réplica de McCloskey: se, em seguida, mostra que existem valores mais importantes que a verdade (a felicidade humana, a justiça, o respeito ao outro), o princípio de absoluta liberdade de expressão e discussão

---
95 McCLOSKEY, H. J. Liberty of expression, its grounds and limits. *In*: *Inquiry*, n. 13, 1970, p. 230; 231.
96 MILL, J. S. *On liberty*, p. 25: "The truth of an opinion is part of its utility" [trad. bras. p. 37].

perde muito de sua força e, em seguida, permite a proibição das opiniões que impedem estes valores[97]. No entanto, Mill não diz que a liberdade de opinião seja a única condição para a sua utilidade. Ele diz que é apenas *um* entre outros componentes; entre estes componentes, o erro não é menos importante que a verdade. Se a verdade é uma fonte inesgotável de felicidade, não o é para Mill, que possui uma diferença com McCloskey, que definitivamente a aprova. Assim, as noções de Bem, Mal e Felicidade não serão mais do que provisórias. O que McCloskey chama de "ganho imenso", a saber, "a realização da verdadeira felicidade e o autodesenvolvimento" como a sede racional da conduta humana, é apenas um ganho hipotético e incerto, porque baseado em censura, infundadas opiniões, prejulgadas falsas ou más.

Há, de fato, ambiguidades nas ideias de McCloskey. Se o que ele chama de opinião verdadeira é a opinião científica, esta opinião não é fruto de discussão entre opiniões opostas? Não é ela desenvolvida por meio de sua confrontação com as opiniões falsas e absurdas?[98]

---

97 *Cf.* McCLOSKEY, H. J. Liberty of expression, its grounds and limits. *In: Inquiry*, n. 13, 1970, p. 224.
98 Se Mill (*Utilitarianism*. p. 69) defende a liberdade de expressão e o direito ao erro, ele denuncia violentamente a falsidade: "But inasmuch as the cultivation in ourselves of a sensitive feeling on the subject of veracity, is one of the most useful, and the enfeeblement of that feeling one of the most hurtful, things to which our conduct can be instrumental; and inasmuch as any, even unintentional, deviation from truth does that much towards weakening the trustworthiness of human assertion, which is not only the principal support of all present social well-being, but the insufficiency of which does more than any one thing that can be named to keep back civilization, virtue, everything on which human

happiness on the largest scale depends; we feel that the violation, for a present advantage, of a rule of a such transcendant expediency, is not expedient, and that he who, for the sake of a convenience to himself or to some other individual, does what depends on him to deprive manking of the good, and inflict upon them the evil, involved in the greater or less reliance which they can place in each other's word, acts the part of one their worst enemies". *Utilitarianism*, p. 69 [trad. bras. p. 210].

V.
O princípio
da liberdade:
aplicações

Salientou-se, no início deste ensaio, que a liberdade do indivíduo, nas coisas que dizem respeito unicamente a ele, implica a liberdade correspondente de um número qualquer de indivíduos para regular, por mútuo acordo, aquilo que lhes diz respeito conjuntamente e só interessa a eles e a ninguém mais. Essa questão não apresenta dificuldade alguma, na medida em que a vontade de todas as pessoas implicadas permanece inalterada; mas, como essa vontade pode se alterar, frequentemente é necessário, mesmo naquilo que diz respeito unicamente a tais pessoas, que se comprometam umas com as outras; isso feito, é conveniente como regra geral que cumpram esses compromissos. No entanto, é provável que as leis de todos os países admitam algumas exceções a essa regra geral. Não somente as pessoas não são obrigadas a manter compromissos que violem os direitos de uma terceira parte, como ainda às vezes se considera que um compromisso prejudicial a elas seja razão suficiente para eximi-las de cumpri-lo. Neste, e na maior parte dos outros países civilizados, por exemplo, um compromisso mediante o qual uma pessoa se vende como escrava seria nulo e sem valor; tampouco a lei e a opinião o tornariam obrigatório. A razão para assim limitar o poder de dispor voluntariamente da própria vida é manifesta e se mostra claramente nesse exemplo extremo. O motivo para não interferir (a menos que seja para o bem de outros) nas ações voluntárias de uma pessoa é a consideração por sua liberdade. A escolha voluntária de um homem é a prova de que deseja, ou pelo menos tolera, o objeto de sua escolha, e que não se pode promover mais o seu bem do que lhe permitindo buscá-lo por seus próprios meios. Mas ele abdica de sua liberdade ao se vender como escravo, abandona todo o uso futuro dela depois deste ato único. Priva-se, em seu próprio caso, da finalidade mesma que justifica permitir-se dispor de si mesmo. Não mais é livre; doravante sua posição não é mais favorecida pela presunção de nela permanecer voluntariamente. O princípio da liberdade não pode exigir que se seja livre para não ser livre. Não é liberdade ter permissão para alienar a própria liberdade. Essas razões, cuja força se mostra de modo tão claro nesse caso peculiar, podem evidentemente se aplicar a muitos outros casos; porém, em toda parte as necessidades da vida fixam limites a tais razões, pois continuamente exigem, não que de fato renunciemos a nossa liberdade, mas que devamos assentir em limitá-la desta ou daquela maneira. No entanto, o princípio que reclama liberdade irrestrita de ação em tudo quanto diga respeito unicamente aos agentes exige que, nas coisas que nada interessam a uma terceira parte, os indivíduos comprometidos uns com outros possam liberar-se mutuamente do compromisso [...].[99]

---

[99] MILL, J. S. *On liberty*, p. 102-103. "It was pointed out in an early part of the Essay, that the liberty of the individual, in things wherein the individual is alone concerned, implies a corresponding liberty in any number of individuals to regulate by mutual agreement such things as regard them jointly, and regard no persons but themselves.

Visto que Mill considera a legitimidade do paternalismo, evidente no caso dos contratos de escravidão, e suas razões muito claras, alguns críticos pensam, por outro lado, que a defesa desta legitimidade é "intrigante"[100] e seus fundamentos "ambíguos".[101] Com relação às consequências da exceção que Mill faz

---

This question presents no difficulty, so long as the will of all the persons implicated remains unaltered; but since that will may change, it is often necessary, even in things in which they alone are concerned, that they should enter into engagements with one another; and when they do, it is fit, as a general rule, that those engagement should be kept. Yet, in the laws, problably, of every country, this general rule has some exceptions. Not only persons are not held to engagements which violate the rights of third parties, but it is sometimes considered a sufficient reason for releasing them from an engagement, that it is injurious to themselves. In this and most other civilised countries, form example, an engagement by which a person should sell himself, or allow himself to be sold, as a slave, would be null and void; neither enforced by law nor by opinion. The ground for thus limiting his power of voluntarily disposing of his own lot in life, is apparent, and is very clearly seen in this extreme case. The reason form not interfering, unless for the sake of others, with a person's voluntary acts, is consideration for his liberty. His voluntary choice is evidence that he so chooses is desirable, or at the least endurable, to him, and his good is on the whole best provided for by allowing him to take his own means of pursuing it. But by selling himself for a slave, he abdicates his liberty; he foregoes any future use of it beyond that single act. He therefore defeats, in his own case, the very purpose which is the justification of allowing him to dispose of himself. He is no longer free; but is thenceforth in a position which has no longer the presumption in its favour, that would be afforded by his voluntarily remaining in it. The principle of freedom cannot require that he should be free not to be free. It is not freedom, to be allowed to alienate his freedom. These reasons, the force of which is so conspicuous in this particular case, are evidently of far wider application; yet a limit is everywhere set to them by the necessities of life, which continually require, not indeed that we should resign our freedom, but that we should consent to this and the other limitation of it. The principle, however, which demands uncontrolled freedom of action in all that concerns only the agents themselves, requires that those who have become bound to one another, in things which concern no third party, should be able to release one another from engagement [...]".

100 ARNESON, R. Mill versus paternalism. *In: Ethics*, n. 90, 1980, p. 478.
101 TEN, C. L. *Mill on liberty*. Oxford: Clarendon Press, 1980, p. 117.

a seu antipaternalismo, as críticas são divididas. Para Joel Feinberg, por exemplo, no caso extremo (o caso do escravo voluntário), Mill termina por adotar o princípio do paternalismo,[102] um princípio geral, segundo Feinberg, que permite limitar a liberdade de outros segundo seu próprio interesse. Para Gerald Dworkin, ao contrário, esta exceção está longe de ser prejudicial ao princípio da liberdade de Mill. As razões que autorizam a sociedade e o Estado a intervirem para impedir qualquer um de renunciar definitivamente à sua liberdade, explica Dworkin, oferece somente um "princípio – muito limitado – capaz de justificar somente alguns casos de intervenções paternalistas".[103]

Os fundamentos do paternalismo no caso extremo do escravo voluntário são, então, claros e evidentes como Mill pensa? E quais são as consequências desse caso para o princípio absoluto de *On liberty*?

5.1 O caso da escravidão voluntária

A maldição da escravidão tem desaparecido [...] para encontrar seu último refúgio temporal no Brasil [...]. (MILL, J. S. *Principles of political economy*. Livro II, capítulo 5, § 3)

Antes de examinar a coerência desta intervenção paternalista com o princípio da liberdade, gostaria de fazer algumas observações preliminares.

---
102 FEINBERG, Joel. Legal paternalism. *In: Canadian journal of philosophy*, n. 1, 1971, p. 116-117.
103 DWORKIN, Gerald. Paternalism. *In*: FEINBERG, J.; GROSS, H. (Ed.). *Philosophy of law*. Belmont: Wadsworth, 1980, p. 235.

Primeiramente, Mill está consciente das dificuldades que a permissão de intervenção, no caso da pessoa "que se vende ou consente em ser vendida como escrava" possam suscitar, bem como das objeções que lhe poderiam ser feitas. Isto porque, certamente, ele começa por chamar o princípio de agir livremente segundo o domínio que não concerne a si mesmo, seja de um indivíduo ou de um grupo de indivíduos. Entretanto, imediatamente depois desta recordação, ele acentua que "a questão não apresenta nenhuma dificuldade, contanto que a vontade das pessoas interessadas não mude". Segundo, Mill chama a razão principal de seu antipaternalismo, que defendeu ao longo de *On liberty*: "A razão para não intervir, a menos que outros não sejam ameaçados, nos atos voluntários de uma pessoa, é o respeito por sua liberdade".[104] E, enfim, terceiro, o único modo de intervenção paternalista que Mill tolera, – no caso excepcional e extremo de dano a si mesmo – é considerar o contrato, que associa o escravo a seu senhor, "nulo e sem valor".[105]

Então, para Mill, a intervenção no caso extremo é legítima não porque priva o indivíduo de sua escolha de se constituir escravo, mas porque oferece ao escravo a possibilidade de recuperar a liberdade perdida e de reconsiderar suas escolhas voluntárias. A confusão

---
104 MILL, J. S. *On liberty*, p. 102-103, "The reason for not interfering, unless for the sake of others, with a person's voluntary acts, is consideration for his liberty" [trad. bras. p. 155-156].
105 MILL, J. S. *On liberty*, p. 102 "would be null and void" [trad. bras. p. 155].

destas duas interpretações, completamente diferentes uma da outra explica porque alguns críticos consideram o antipaternalismo de Mill ou contraditório, ou hesitante e ambíguo. De fato, o que Mill requer da sociedade e do legislador não é punir a existência do contrato que liga o escravo a seu senhor, mas que considere o contrato como "nulo e sem valor".

Para aqueles que criticam Mill, o problema não seria a interdição em si dos contratos de escravidão, mas de saber como se pode proibir sem renegar ou pelo menos modificar o "princípio absoluto da liberdade". Quais são as razões que podem justificar, segundo esta última, a recusa em reconhecer e suportar o que não é, depois de tudo, que um contrato *livremente*[106] estabelecido? No caso em que Mill defende vigorosamente um princípio da liberdade francamente antipaternalista, a interdição dos contratos de escravidão voluntária parece ser bastante paternalista. Assim, dizer que o princípio da liberdade permite e explica tal interdição, significa afirmar que seja a prova de uma séria modificação das características absolutas deste princípio.

O contrato da escravidão deve ser considerado, de acordo com o princípio da liberdade, como "nulo e sem valor" quando é uma prova inquestionável de

---

106 Para Mill, uma escolha é livre não somente quando ela não é forçada, mas também quando exprime um amor real, um desejo sincero e um amor autêntico. Ora, para Mill, é difícil de acreditar que um indivíduo possa escolher colocar-se em uma situação de servidão de onde será jamais libertado. *Cf.* MILL, J. S. *Essays on economics end society. Collected works of John Stuart Mill*, v. 5, p. 455.

que a vontade do indivíduo, que se constitui escravo, não esteja livre no momento da conclusão do contrato, parcial ou totalmente; ou, também, quando o contrato é prejudicial a terceiros. Uma vontade é dita imperfeita se, por exemplo, o futuro escravo não estiver consciente no momento de seu consentimento à natureza do contrato, se ele é forçado a aceitá-lo, ou se ele é mentalmente incapaz para julgar as consequências de seus atos. Se bem que a presença de uma destas condições, segundo o princípio da liberdade, anula automaticamente o contrato da escravidão, e a ausência de todas estas circunstâncias não permite tampouco, segundo Mill, concluir a legitimidade do contrato. O fato que este gênero de acordo seja livremente concluído entre duas partes perfeitamente autônomas não muda qualquer coisa em seu conteúdo, o que significa o mesmo que dizer que uma das duas partes renuncia definitivamente a todo uso futuro de sua liberdade.

O risco de *danos a terceiros*, neste gênero de contrato, pode ser de dois tipos; há o preço que a sociedade paga pela supervisão (verificar se o contrato foi estabelecido livremente, se as partes concernidas concordam livremente e se são perfeitamente autônomas para assegurar o respeito dos temos do contrato etc.); há também as consequências nefastas do mau exemplo que um tal modo de vida poderá representar se for tolerado.[107] À primeira possibilidade, se poderia objetar

---
107 Joel Feinberg discute as duas possibilidades em seu *Legal paternalism*, p. 119-120, e sustenta o primeiro como fundamento

que esta seria o suficiente para impedir todo contrato de escravidão: deveríamos proibir todas as ações suscetíveis de prejudicar o agente, sendo necessário verificar se a escolha exprime verdadeiramente a vontade autônoma do indivíduo em questão. Uma possível objeção seria, ainda, dizer que esta razão é também válida para o suicídio e para a eutanásia, ações que parecem ser muito menos graves. Mas, a essa objeção, Mill responderia que este é o preço que a sociedade deve suportar, "em nome do bem superior da liberdade humana".[108] Além disso, não é certo que a escravidão seja mais cara, nem seja mais prejudicial, em comparação com o suicídio, a eutanásia ou com o vício.

Quanto a outra possibilidade, proibir a escravidão por que representaria um "mau exemplo"[109] para a sociedade, poderia igualmente satisfazer outras ações que são prejudiciais a seus autores, sendo também, e mais importante ainda, maus exemplos. A tolerância do suicídio e da eutanásia poderia ser interpretada como uma desvalorização degradante da vida humana. Além disso, Mill não diz por que o mau exemplo é muito mais salutar para a sociedade que danoso, "já que, se revela má conduta, revela também as dolorosas ou degradantes consequências que, se a conduta for com justiça censurada, supõe-se necessariamente a acompanharem em quase todos os casos".[110] Qual outra melhor forma de dissuadir outros indivíduos

---
à intervenção legítima para empregar os contratos de escravidão.
108 MILL, J. S. On liberty, p. 82 [trad. bras. 126].
109 MILL, J. S. On liberty, p. 83 [trad. bras. 127].
110 Ibid., p. 83 [trad. bras. 128].

de escolherem a escravidão que ver as deploráveis consequências para aqueles que voluntariamente a escolhem?

Vejamos agora se o paternalismo no caso da escravidão voluntária modifica o princípio absoluto da liberdade. Uma possível modificação deste princípio seria dizer que o indivíduo é livre para fazer o que deseja enquanto não se prejudicar muito gravemente. Assim, mesmo que Mill tolere ações individuais voluntárias nas quais as consequências para a saúde psíquica sejam tão graves que possam causar a morte a seus autores, a escravidão não caberia nesta categoria de ações. Trata-se de um mal muito grave que a sociedade não poderia tolerar, mesmo que o indivíduo o escolha livremente.[111] A escolha de se tornar um escravo é, para Mill, mais danosa e insuportável para o indivíduo que toda outra escolha que possa mesmo causar sua morte. Primeiro porque a escravidão é degradante para a natureza humana. Em segundo lugar, por que ao se tornar um escravo, o indivíduo renuncia à sua liberdade, deixando de ser senhor de si mesmo. Isto explica por que a escravidão é um mal supremo que não cabe na categoria de ações protegidas pelo princípio da liberdade.[112]

Mas, a questão que ainda persiste é saber por que deveria considerar a situação de um escravo feliz pior que a de um toxicômano, de um alcoólatra, ou de

---
111 Esta é a posição de FEINBERG sobre o pensamento de Mill. *Cf. Legal paternalism, op. cit.*, p. 117-118.
112 *Cf.* MILL, J. S. On representative government. *In: Collected works of John Stuart Mill.*

quem opta dar fim à sua vida. É difícil, no entanto, acreditar que a situação deste escravo é sempre pior que as demais situações livremente escolhidas. Além disso, justificar o paternalismo pelo interesse do indivíduo contradiz claramente o antipaternalismo de Mill, em que a primeira regra é que

> *[...] ninguém, e nenhum grupo de pessoas está autorizado a dizer a outra criatura humana madura que, para seu próprio benefício, não faça com sua vida o que escolher fazer dela.*[113]

Poderíamos responder a esta objeção dizendo que as chances são efetivas somente quando a escolha é extremamente danosa para o indivíduo.

Porém, não haveria qualquer contradição ao dizermos que o indivíduo é livre para causar danos autorreferentes, como um dano que estivesse abaixo de um certo limite de extrema gravidade. Esta resposta encontra-se confrontada por duas grandes dificuldades. A primeira é a que Mill jamais fez, explicitamente, a distinção entre as escolhas *danosas* e aquelas *extremamente danosas*. A segunda é que, mesmo assumindo que tal é a intenção de Mill, teríamos que precisar claramente os limites a partir dos quais a ação torna-se muito gravemente danosa. Além disso, desde que a escravidão pareça ser o único exemplo importante deste gênero de ações intoleráveis, falta explicar por que só a parte da liberdade é considerada como um mal supremo.

---

113 MILL, J. S. *On liberty*, p. 76 [trad. bras. p. 117].

Podemos apresentar a escolha autônoma de um indivíduo tornando-se escravo de duas maneiras diferentes. A primeira seria afirmando que este ato é resultado de uma escolha pessoal, que é a aplicação do princípio da liberdade. A segunda seria dizendo que é o início de uma vida de servidão, de autoaniquilação, o que está em total oposição ao princípio da liberdade. Qual destas duas versões poderia ser aceita como válida? Qual das duas pode esclarecer a legitimidade do paternalismo no caso do escravo voluntário? A resposta a estas duas questões só se torna possível depois de ter respondido à outra interrogação muito mais profunda: Mill valoriza a *liberdade em si* ou a *liberdade como instrumento*, que ajudaria a promover valores aceitáveis?

Diz-se, por vezes, que Mill defende seu princípio absoluto de forma muito ambígua. De um lado, o exercício da liberdade é valorizado somente como instrumento para alcançar nobres fins. Mill parece, por exemplo, defender a liberdade de expressão na medida em que permite o progresso da humanidade rumo a uma mais ampla racionalidade, verdade e sabedoria. Ele parece defender a liberdade de ação, ou individualidade, por que ela seria o remédio mais eficaz que permite à civilização e à história humana lutar contra "a mediocridade coletiva". De outro lado, Mill parece pensar, ainda em *On liberty*, que o exercício da liberdade é um valor *intrínseco*. A liberdade humana não seria, pois, um simples instrumento que se utiliza para alcançar um bem. Ela é em si mesma um bem, e mesmo, um "bem superior",[114] que devemos desejar e amar, e em nome do qual podemos sacrificar outros bens secundários.

A distinção entre o instrumental e o intrínseco é uma distinção entre o contingente e o absoluto. Se a liberdade é um valor instrumental, seu exercício deve ser valorizado somente no caso em que suas consequências sejam benéficas para o interesse do indivíduo livre. Se, ao contrário, ela é um valor intrínseco, seu exercício precisa possuir um valor absoluto, sem relação com a natureza de suas consequências para o sujeito em questão. Neste caso, como explicar, então, o fato de que Mill autorize a intervenção para impedir a vontade de tornar-se escravo?

Se Mill pensa que a liberdade é um valor intrínseco, sua interdição da escolha da servidão é coerente. O valor da escolha não pode ser considerado independentemente da natureza de seu conteúdo. O exercício da liberdade de escolher é um bem insignificante e ocasional (no caso do escravo voluntário), comparado ao mal permanente que é ser privado definitivamente de seu direito de escolher ou de decidir por si mesmo.

No entanto, se Mill pensa que o valor da liberdade é instrumental, sua interdição do contrato voluntário da escravidão parece coerente. Na verdade, por seu compromisso irrevogável[115], o escravo renuncia definitivamente

---
114 MILL, J. S. *On liberty*, p. 82 [trad. bras. p. 126].
115 *Cf.* RILEY, J. *Routledge philosophy guidebook to Mill on liberty*, p. 134.

a toda utilização futura de sua liberdade, seja para pensar ou para agir. Mas, se pode objetar, não é possível que um indivíduo encontre sua felicidade na escravidão e que esta opção esteja em consonância com os seus interesses? Não é ele, no entender de Mill, o melhor guardião[116] de seus interesses e o único a conhecê-los?[117] Impedi-lo de levar a cabo essa opção pode ser, portanto, prejudicial para ele.

A resposta a esta objeção é, na verdade, simples. Mill não proíbe a escolha em si de se tornar escravo. Ele proíbe o reconhecimento social e legal deste compromisso. Pode ser que o indivíduo, após a experiência da submissão total, ponha fim a este modo de vida. Também é possível que com a experiência e com o tempo (este é o caso em geral) o indivíduo redefina seus interesses, sua concepção de bem e mal, ou descubra outros valores mais interessantes para si. Se este é o caso, ele será condenado a continuar vivendo uma vida que deixou de desejar, uma vida que ele agora detesta. Seria lamentável alguém encontrar-se numa situação como esta, uma vez que teria perdido definitivamente o instrumento da felicidade, a faculdade de escolher o que deseja e quando deseja. Este é o sentido da frase de Mill: "O princípio da liberdade não pode exigir que seja livre para não ser livre. Não é liberdade ter permissão para alienar sua própria liberdade".[118]

---

116 MILL, J. S. *On liberty*, p. 16 [trad. bras. p. 22].
117 *Ibid.*, p. 76 [trad. bras. p. 117].
118 *Ibid.*, p. 103 [trad. bras. p. 156].

Por isso, nem a falta ou ausência de autonomia, ou o dano a terceiros podem justificar o paternalismo no caso do escravo voluntário sobre as bases do princípio da liberdade de Mill. Quanto à modificação deste princípio, para proibir somente os atos que sejam extremamente danosos para seu autor, ela abre um espaço limitado, mas muito importante, no antipaternalismo de Mill. Além disso, deixa sem resposta a difícil questão de saber por que o prejuízo da perda da liberdade é mais importante que a submissão a uma droga ou a um guru, por exemplo. Se alguém pensar claramente nesta questão, a modificação do princípio da liberdade será, então, puramente arbitrária.

O fato de Mill autorizar o paternalismo no caso do escravo voluntário é apenas o resultado de sua aplicação bastante forte à proteção e à preservação do exercício da liberdade da escolha individual. E, se ele pensa que as razões para a proibição dos contratos de escravidão sejam muito claras, é porque a liberdade não pode justificar sua própria negação. Esta me parece ser uma concepção muito plausível. O princípio da liberdade de Mill se justifica pelo fato de que permite o exercício do que Mill considera importante, a saber, o exercício da liberdade individual sem causar *danos aos interesses de terceiros*.

Gerald Dworkin[119] pensa que o paternalismo no caso do escravo voluntário seja autorizado por

---

119 DWORKIN, G. Paternalism: some second thoughts. *In*: SARTORIUS, R. (Ed.) *Paternalism*. Minneapolis: University of Minnesota Press, 1983, p. 111.

permitir a proteção da autonomia individual. Para ele, não há incoerência em dizer que alguém queira ser do tipo de pessoa que atue sob ordens de outros. Esta pessoa se definiria como escrava e assumiria as consequências que se seguiriam. Para Dworkin, esta seria sua autonomia em se tornar escrava. Dworkin pensa, assim, que o paternalismo no caso do escravo voluntário não pode ser justificado em referência ao princípio da liberdade.

Primeiramente, Mill considera que o escravo voluntário anula sua *liberdade* e não sua *autonomia*. Os dois conceitos são diferentes, ainda que alguém possa dizer que o princípio da liberdade se justifica pelo fato de que proteja a autonomia individual. Segundo, para que a decisão autônoma de se tornar escravo não seja uma negação da autonomia individual, tudo dependerá do sentido que o futuro escravo dará à expressão "sofrer as consequências". Em todo caso de valores, a escravidão, mesmo que voluntária, é um entrave e uma negação da *autonomia*. O escravo poderia ter aspirações e escolhas individuais, mas não pode executá-las se não coincidirem com as do senhor. Essa vida é autônoma em um sentido muito limitado. Terceiro, a situação do escravo voluntário é comparável àquelas pessoas que consentem com uma lavagem cerebral, que optam por serem submetidos a uma manipulação psicológica. Embora estes indivíduos tenham escolhido livremente estes gêneros de situações, poderíamos proibi-los de fazer algo segundo o princípio da liberdade porque abdicaram de sua autonomia.

Podemos qualificar a interdição da escravidão de paternalista? Chamo intervenção paternalista toda interferência nos interesses de terceiros. A interdição da escravidão é de uma ordem diferente, como já expliquei acima, desde que Mill proíba simplesmente que a sociedade ou a lei reconheça e dê legitimidade a esses contratos. A autoridade não intervém para impedir a assinatura deste gênero de contrato. Ela não intervém para punir aqueles que vivem segundo os termos destes contratos e que sejam felizes (o caso dos mórmons é muito instrutivo a esse respeito). A autoridade não intervém quando há um conflito sobre os termos destes contratos entre duas partes, se o escravo recusa-se a obedecer seu mestre, que o obriga. Que deve fazer esta autoridade se o escravo estiver descontente? Se ele desejar mudar sua condição e quebrar seu jugo? Se ela optou apoiar o contrato e proibir o escravo de se libertar, limitará necessariamente a liberdade e privará de um de seus direitos fundamentais. Se ela decide, ao contrário, por não reconhecer estes contratos, respeita a vontade do escravo e, assim, ajuda-o a recuperar sua liberdade. Não vejo como esta decisão possa ser uma intervenção paternalista. O paternalismo ocorre quando há a proibição de um indivíduo fazer o que deseja. No caso do escravo que deseja se libertar, esta definição não se aplica. A autoridade não força o indivíduo a adotar os valores que lhe são desconhecidos. Ao contrário, ela ajuda a proteger contra aqueles que pretendam fazê-lo.

Há duas questões importantes que emergem desta discussão: será que devemos proibir o suicídio pelas mesmas razões que aquelas que justificam as interferências nos contratos de escravidão voluntária? O suicídio não é uma ação na qual o indivíduo abdica de sua liberdade? A segunda questão é: justificando a intervenção no caso do escravo voluntário, Mill não formula implicitamente um princípio da liberdade com fronteiras mais próximas que o primeiro caso; o limite é não só não prejudicar outras pessoas, mas também para não prejudicar sua própria liberdade? A autoridade estaria sempre justificada em intervir para proibir os indivíduos de causar danos à sua própria liberdade?

Não há dúvida de que uma pessoa que põe fim à sua vida, põe fim também à sua liberdade de escolher. Se pensarmos que Mill possuía razões para considerar ilegítimos os contratos de escravidão, alguém será tentado a dizer que, logicamente, as mesmas razões que fundam a ilegitimidade da escravidão deveriam se aplicar também aos atos de suicídio. O fato é, no entanto, que aquele que escolhe suicidar-se não abdica de sua liberdade da mesma maneira que o escravo o faz. Embora a consequência da escolha da escravidão seja que o indivíduo não exercera sua liberdade, a consequência da escolha do suicídio é que o indivíduo não mais existiria para exercer ou não a liberdade de escolher. O contrato de escravidão tem como consequência uma existência de submissão, embora a consequência da escolha em cometer suicídio é a não existência, um estado no qual os conceitos de liberdade e servidão são desconhecidos. O suicídio produz uma situação em que o princípio da liberdade não é mais aplicável. Já a escravidão produz uma situação em que não somente o princípio da liberdade é diretamente implicado, mas, também, na qual o objetivo essencial é gravemente comprometido.

Isto parecer possuir uma resposta bastante simples. É evidente que os seres humanos, pelo menos em sua grande maioria, prezam a liberdade e a preferem à servidão, enquanto estiverem vivos. E Mill vê razão para pensar que uma existência livre é um bem superior a uma existência servil. Mas não deixa claro quanto à questão de saber se ele ou qualquer outro homem pense que ser livre é sempre *preferível* a não ser. Indubitavelmente, a escravidão é pior que a morte. Mas pode ser razoável e muito melhor para os indivíduos livres porem fim à sua vida; porque de uma parte o bem que ela possuía já não tinha qualquer valor; por outro lado, esse bem é insignificante em comparação com o sofrimento que deve suportar antes que ele inevitavelmente chegue. Um mal incurável de um doente poderia levar a pensar que o fato de ele ser livre não reduz as penas e os sofrimentos que sua doença inflige. Se a liberdade tem sentido, é esse poder de escolha entre escolher continuar vivendo em sofrimento e pôr fim à sua vida.

Vamos agora à segunda questão. O exemplo do escravo voluntário sugere um princípio de liberdade menor ou mais fraco? Esta é a posição que Gerald Dworkin sugere. Segundo ele, a principal razão para a interdição deste gênero de contrato é a necessidade de preservar a liberdade dos indivíduos para que seja sempre possível ter a opção de escolher. Neste sentido, considera que o paternalismo é legítimo somente quando visa preservar uma maior liberdade para o indivíduo em questão.[120] E, ao demonstrar que o consentimento é a chave da justificação do paternalismo, Dworkin afirma que a intervenção paternalista preserva e reforça a capacidade do indivíduo de simplificar a tomada de decisões e de sua execução.[121]

Comparemos agora este princípio de Dworkin e o princípio com o qual Mill é acusado de ter implicitamente utilizado para justificar a intervenção paternalista no caso do escravo voluntário. Primeiramente, como já mencionado anteriormente, a intervenção aqui não deve ser compreendida como uma limitação da liberdade do indivíduo segundo seu próprio interesse. No entanto, se há ações que revogam o princípio da liberdade de escolha, não se pode impedir que, por intervenção direta e imediata, portanto, esta interpretação possa ser justificada segundo o raciocínio de Mill. Em segundo lugar, Gerald Dworkin confunde autonomia e liberdade. Isto se torna evidente quando faz referência àqueles que têm uma capacidade racional que lhes permite medir suas decisões e as consequências que se seguem. Embora, para Mill,

---
120 Cf. DWORKIN, G. Paternalism, op. cit., p. 235.
121 Ibid., p. 235.

a confusão seja feita para defender a liberdade e a autonomia contra toda coerção, não lhes impondo uma norma racional, como Dworkin parece fazer. Em terceiro lugar, a conclusão é que os atos que revogam a liberdade devem ser legitimamente proibidos.

Mas, enquanto Mill se contenta em preservar a liberdade do indivíduo em questão, Dworkin quer preservar um campo muito largo da liberdade e fortalecer o desenvolvimento da autonomia e da liberdade. Isto implica, de fato, que o princípio tem a dupla missão de proibir as ações pelas quais um indivíduo renuncia à sua liberdade e de incentivar o exercício individual da autonomia e da liberdade. Concluindo, o princípio de Dworkin é muito mais amplo do que se pode atribuir a Mill. Embora ele diga que seja um princípio muito limitado, Gerald Dworkin é provavelmente ciente de que este princípio permite mais casos de paternalismo que o princípio de *On liberty* permite.

Se alguém aceita a legitimidade da intervenção paternalista nas ações gravemente danosas à autonomia e à liberdade, a aplicação do princípio do paternalismo será muito maior. Teríamos que proibir, por exemplo, o uso de droga, uma vez que estes produtos criam uma dependência entre os toxicodependentes, impedindo-os de decidir livremente para parar ou continuar consumindo. Poderiam ser, também, adultos que se recusam a ser educados e a aprender, sendo, portanto, indivíduos que estariam minando sua autonomia de escolha e decisão. Proibir por proibir o consumo de drogas e desenvolver a educação daqueles que são exemplos *sui generis* de intervenções paternalistas que preservam e incentivam a autonomia individual: esta intervenção é inaceitável aos olhos de Mill. As razões que justificam a intervenção no caso do escravo voluntário não podem justificar uma intervenção nos dois últimos casos. Isto porque, na verdade, pensando explicar os casos de intervenções toleráveis segundo *On liberty*, Dworkin propõe um novo princípio do paternalismo, muito mais amplo do que o de Mill.

Será que devemos deduzir que o princípio do paternalismo de Mill é extensivo? Mill distingue entre o contrato de escravidão e outros tipos de contrato (de associação, de comércio e outros) que limitam a liberdade das partes voluntárias de uma maneira diferente, e que não podem ser proibidas pelas mesmas razões que o paternalismo no caso do escravo voluntário. A distinção concerne dois pontos essenciais: no caso do escravo, a revogação da liberdade é total e definitiva, enquanto em outros casos é parcial e temporária. Isto nos permite afirmar que a intervenção, no caso do escravo, não pode justificar sua extensão aos outros contratos habituais, que são revisáveis e limitados. E, para além da situação do escravo, é difícil ver em qual outra situação o indivíduo poderia ser privado definitivamente de sua liberdade.

VI.
Uma crítica à interpretação do pensamento de Mill

Este capítulo visa apresentar e analisar a tese defendida por Himmelfarb sobre a influência de Harriet Taylor nas ideias de John Stuart Mill e quanto à existência de dois Mills. Tentarei demonstrar que esta tese não pode ser sustentada.

6.1 Introdução

O pensamento ético e político de John Stuart Mill pode ser compreendido a partir da análise de suas principais obras, *On liberty* (1859) e *Utilitarianism* (publicado em 1861 na *Fraser's magazine* e como livro em 1863). A investigação desses dois ensaios nos permite afirmar que Mill seria, ao mesmo tempo, um liberal e um utilitarista, posição que tive oportunidade de expor no artigo *John Stuart Mill: liberalismo e utilitarismo*.[122]

Mill é conhecido como um defensor da liberdade de pensamento e expressão, da individualidade, do falibilismo e da mais ampla busca de concretização de uma vida feliz e repleta de realizações. Mill é, ainda, um pensador que aposta na capacidade de o ser humano explorar todas as suas potencialidades pelo cultivo da racionalidade e da sensibilidade

---

122 SIMÕES, Mauro Cardoso. John Stuart Mill: utilitarismo e liberalismo. *Veritas*, v. 58, p. 174-189, 2013.

artística, o que está conectado com seu pensamento moral e político.

Este capítulo, no entanto, não pretende investigar tais temas; a preocupação central é expor a tese esposada por Himmelfarb sobre a existência de dois Mills. Vejamos em que medida tal tese pode ser sustentada. (O objetivo deste capítulo é apresentar os contornos dessa controvérsia).

6.2 Uma análise da tese de Gertrude Himmelfarb: exposição e crítica

Diversas são as interpretações sobre a pretensa consistência teórica do conjunto da obra milleana. Críticos e comentadores parecem supor a existência de conflitos entre o princípio da liberdade e da utilidade, e um dos mais enfáticos nesta posição é Gertrude Himmelfarb, cuja tese é defendida em seu livro *On liberty and liberalism: the case of John Stuart Mill.*

Himmelfarb inclui *On genius* no período que chama de "primeiro Mill", que começa, para ela, em 9 de janeiro de 1831, data da publicação de *The spirit of the age,* e que termina em fins de outubro de 1840, época da publicação de seu ensaio *On democracy in America,* de Alexis de Tocqueville.

Para Himmelfarb, até a idade de vinte anos Mill era o bom filho de seu pai. Então, em 1826-1827, depois de sua crise mental, ele sofrerá a influência de Wordsworth, de Comte, de Carlyle e de Coleridge. Os ataques de Macaulay contra o *Essay on government,* de James Mill, afetaram-no profundamente e somente em 1831 Mill estava totalmente pronto para se distanciar dos radicais e dos utilitaristas, a ponto de se poder dizer que esse desacordo entre eles ia além de suas diferenças sobre o papel do filósofo e, portanto, sobre os princípios mesmos a serem defendidos. Segundo o novo estado de espírito, Mill, de acordo com Gertrude Himmelfarb, teria produzido diversos artigos. Segundo esse "espírito", Mill teria escrito artigos que satisfizeram os utilitaristas mais fanáticos e radicais, com a intenção de tranquilizar seu pai sobre sua honestidade intelectual e de sua não apostasia do movimento utilitarista.

Com a morte de seu pai James Mill, em 1836, o filho sente-se liberado e, pelos cinco anos seguintes, escreverá os artigos "On civilization, Bentham, Coleridge", e seu comentário sobre o texto de Tocqueville, *On democracy in América*. Depois deste período, Mill permanecerá sob a influência de Harriet Taylor, da qual se libertará somente em 1858, ano de sua morte. Em seguida, e já ao final de sua vida, Mill, segundo Himmelfarb, retornou às suas convicções da década de 1830.

Este esquema que Himmelfarb constrói da vida intelectual de Mill apresenta uma dificuldade. A primeira concerne à descrição da relação entre Mill e seu pai, James Mill. Não há dúvida de que Mill possuía um profundo respeito por seu pai e que tentou evitar qualquer conflito com ele. Mas é difícil crer que o temor à reação de seu pai fosse grande o suficiente a ponto de obrigá-lo a publicar seus artigos em contradição com os seus princípios. Estes tinham sido os mesmos desde o início de seu confronto com o pai acerca de suas amigáveis relações com Graham e Roebuck.[123]

Admitimos que durante este período Mill não podia desafiar os utilitaristas radicais; deve ser lembrado, todavia, que teve para com eles uma certa simpatia. Isto, combinado com seu hábito de estudar os mais diversos assuntos sob diferentes aspectos é, provavelmente, uma melhor explicação dos escritos de Mill favoráveis aos utilitaristas que o que o apresenta como um produto de pura submissão intelectual e que tinha como único alvo proporcionar prazer a seu pai.

O outro esquema de Gertrude Himmelfarb, relacionado à influência de Harriet Taylor sobre John Stuart Mill, sua amiga na época, é também parcialmente incorreta. Himmelfarb não concede muito valor à Harriet Taylor, nem no plano pessoal, nem em plano intelectual. Mas, ao mesmo tempo, pensa que ela possui uma marcante influência sobre Mill. John Stuart Mill conhecerá Harriet Taylor em 1830 e, apesar de reivindicação oposta contida em sua *Autobiografia*, Himmelfarb tem razão ao dizer que "sua relação se tornou íntima e confidencial quase que imediatamente".[124]

---

123   Cf. PACKE, Michael St. J. *The life of John Stuart Mill*. New York: Macmillam, 1954, p. 68.
124   MILL, J. S. Essays on politics and culture (Introdução de Gertrude Himmelfarb). *In*: *The collected works John Stuart Mill*, p. 15.

Se este é o caso, por que então a influência considerável de Harriet Taylor sobre Mill, segundo Gertrude Himmelfarb, só tem início dez anos mais tarde, em 1840? Michael J. Packe,[125] que acredita na influência de Harriet Taylor sobre Mill, data o início desta influência a partir de 1832, ano em que Mill publica *On genius*. Se, então, a influência de Harriet Taylor é tão importante como Himmelfarb a defende, a data de 1832 será mais apropriada e mais lógica que 1840. A supor mesmo que a influência de Harriet Taylor foi enfraquecida sob o efeito do medo que Mill possuía em relação a seu pai, este medo teria desaparecido com a sua morte em 1836. Mill estava livre a partir daí para submeter-se à influência de sua amiga. Segundo a interpretação de Gertrude Himmelfarb, curiosamente, esta influência se exerce somente quatro anos mais tarde, em 1840.[126]

A influência de Harriet Taylor sobre John Stuart Mill não é, propriamente falando, de ordem intelectual, mas de ordem afetiva. Ainda que Mill tenha dito frequentemente que não havia feito, concernente também a *On liberty*, a parte sobre o futuro da classe trabalhadora nos *Principles of political economy*,[127] e que traduz o pensamento nobre de sua amiga e

---
125 PACKE, Michael St. J. *The life of John Stuart Mill. op. cit.*, p. 69.
126 Uma crítica lúcida da interpretação equivocada de Himmelfarb encontra-se na obra de TEN, C. L. *Mill on liberty*. Oxford: Clarendon Press, 1980.
127 MILL, J. S. Principles of political economy. *In*: ROBSON, John, M. (Ed.). *The collected woks John Stuart Mill*, v. 2, 33 volumes. Toronto University Press, London: Routledge; Kegan Paul, 1963-1991.

esposa Harriet, é possível observar um certo exagero de sua parte, sendo impossível imaginar que o filósofo pudesse aceitar ser o tradutor se o pensamento a ser traduzido entrasse em contradição com os princípios por ele defendidos. Além disso, Mill o reconhece em sua *Autobiografia*. Harriet Taylor encorajou-o, na verdade, a afirmar mais claramente suas ideias subversivas, tendo enriquecido suas ideias com suas observações e seu senso prático, mas não tendo alterado o princípio diretor do progresso de seu espírito.[128] Por outro lado, sobre o registro afetivo, é evidente que Mill havia encontrado em Harriet Taylor a mulher providencial – amiga, esposa e, eu diria também, "mãe" –, o que parece melhor lhe convir; a cumplicidade entre os dois era perfeita. Eram idealistas utópicos, anticonformistas, militantes feministas, e também eram de um temperamento que, conforme dirá a Auguste Comte que o aconselha a se distrair, dificilmente "*amusable*".[129]

Dentro da estrutura emocional que é necessário destacar, situa-se a correspondência com Harriet Taylor

---

128 *Cf.* MILL, J. S. *Autobiography*. London: Penguin, 1989, p. 149. Em que Mill aponta, inicialmente, que seus escritos são o resultado de uma fusão de suas mentes (dele e de Harriet), em seguida afirmando: "At the present period, however, this influence was only one among many which were helping to shape the character of my future development: and even after it became, I may truly say, the presiding principle of my mental progress, it did not alter the path, but only made me move forward more boldly and at the same time more cautiously in the same course. *The only actual revolution which has ever taken place in my modes of thinking, was already complete*" (Grifo meu).

129 *Cf.* a carta de Mill a Auguste Comte, India House, 13 de julho de 1843. *The earlier letter, op. cit.*, Carta n. 400, p. 588.

e aquele seu amor passional por ela entra às vezes em tensão com um de seus mais sagrados princípios filosóficos: o princípio de independência intelectual e a pesquisa desinteressada da verdade. Mas, felizmente, esta possível servidão intelectual não excede a estrutura de suas correspondências amorosas.[130]

Segundo *On liberty and liberalism*, Gertrude Himmelfarb reivindica que durante o período em que Mill está sob a influência de Harriet Taylor, a principal questão que o preocupa é a liberdade da mulher, e que é com a intenção de defender esta causa que *On lberty* foi concebido.[131] Associando os homens, mas em menor grau, às fileiras das vítimas da tirania e da sociedade, Mill oferece, segundo Himmelfarb, aos homens e às mulheres um interesse comum para promover a liberdade individual contra a tirania social, por meio dos quais se exerce o poder dos costumes e das tradições. É também a influência de Harriet Taylor que, conforme Himmelfarb, orientou *On liberty* para a defesa de um princípio absoluto, uma posição extrema em contraste com o caráter habitual de Mill, um pensador sempre moderado.

A segunda explicação do Liberalismo de *On liberty* é que este ensaio foi escrito durante o período do casamento de Mill e Harriet Taylor, quando a causa da mulher domina seu espírito mais que nunca.

---
130 *Cf.*, por exemplo, a carta de Mill à Harriet Taylor (21 de fevereiro de 1849). *In*: *The later letters* (1849-1873), *op. cit.*, Carta n. 6, p. 11.
131 HIMMELFARB, G. *On liberty and liberalism: the case of John Stuart Mill, op. cit.*, p. 181.

Mas, o problema são os outros textos que Mill redigiu ou revisou durante este período. Se a causa da liberdade da mulher é o objeto principal que ocupa sua mente, ela deveria, acredito, estar presente em outros ensaios.

Ao afirmar a existência de "dois Mills" sem, no entanto, indicar onde e quando cada um foi expresso, como a hipótese de uma força dirigente por trás de *On liberty* pode ser plausível? Se, como Himmelfarb diz, Mill teria escrito *On liberty* para promover a causa da liberdade da mulher, por que apresenta apenas observações passageiras sobre este assunto? Himmelfarb não explica por que em carta à Harriet Taylor de janeiro de 1855, na qual Mill exprime a urgência de publicar um ensaio sobre a liberdade, não há sequer uma referência à causa da mulher; isto se dá pelo fato de que sua intenção não era aquela alegada por Himmelfarb, mas exprime a urgência de combater as tendências não liberais que ele vê se desenvolver.[132]

Esta carta revela diversos elementos. Primeiro: é Mill, na verdade, quem em primeiro lugar chama a atenção para a urgência de se escrever um ensaio sobre a liberdade, e não Harriet. Segundo: não há um assunto particular na origem de *On liberty*, mas sim a causa da liberdade individual segundo sua unidade. Assim, ao procurarmos uma causa específica (seja a da mulher) como o faz Gertrude Himmelfarb, nos distanciamos da compreensão precisa deste ensaio e

---
132 *Cf.* The later letters (1849-1873). *In: Collected works of John Stuart Mill, op. cit.,* tomo XIV, p. 294.

nos desviamos de seu objetivo original segundo o qual foi originalmente concebido.

Para Himmelfarb, os primeiros ensaios, contrariamente ao ensaio *On liberty*, são uma negação de toda verdade única.[133] Mas a verdade única que defende *On liberty* é a importância da liberdade individual. Caso se defenda que este ensaio esteja longe das verdades plurais, os demais se interessam por elas, como a verdade em matéria de crenças morais, de escolhas políticas ou da organização social. Além disso, um dos argumentos fundamentais da liberdade de expressão e da discussão segundo *On liberty* é que a verdade sob diversos aspectos é complexa, plural, e objeto de desacordo entre os diversos sistemas de ideias. Aceitar, então, uma *single truth* não está em contradição com a constatação de que, sob diferentes aspectos, nenhum sistema de ideias pode possuir o monopólio da verdade.

Himmelfarb opõe, assim, o caráter "absoluto" da defesa da liberdade segundo *On liberty* com o pensamento moderado do "outro Mill". Aqui, é importante ressaltar que Mill procura identificar o caráter "absoluto" da liberdade e seus "limites". Gertrude Himmelfarb priva o princípio de Mill de toda plausibilidade[134] e o deforma completamente.[135] O princípio "absoluto" de Mill se aplica ao domínio

---
133 HIMMELFARB, G. *On liberty and liberalism: the case of John Stuart Mill, op. cit.*, p. 44-45.
134 *Cf.* DWORKIN, G. *Taking rights seriously*. London: Duckworth, 1977, p. 261.
135 *Cf.* SCARRE, Geoffrey. *Mill's On liberty*. London: Continuum, 2007, p. 100.

estritamente privado e à condição de não se causar danos a terceiros. Mas Himmelfarb o converte em um princípio que cobre todo o domínio da ação,[136] e torna a liberdade o único valor que interessa a Mill.[137] Assim, é possível concluir que o Mill de *On liberty*, contrariamente ao "outro Mill", não conjugue a liberdade com outros valores como os deveres, a moralidade, a disciplina, o bem público, a tradição, o costume, o patriotismo e a sociedade.[138] Com esta caricatura do Mill liberal, não é, pois, surpresa alguma que Himmelfarb procure provar a existência de um "outro Mill".

---

136 HIMMELFARB, G. *On liberty and liberalism: the case of John Stuart Mill*, op. cit., p. 299.
137 *Ibid.*, p. 272.
138 *Ibid.*, p. 168.

Referências

ARCHARD, D. Freedom not to be free: the case of the slavery contract in J. S. Mill's On liberty. *The Philosophical Quarterly*, v. 40, n. 161, 1990, p. 453-465.

ARNESON, Richard. Mill vs paternalism, *In: Ethics*, n. 90, 1980, p. 470-489.

_____. Democracy and liberty in Mill's theory of government. *Journal of the History of Philosophy*, v. 20, n. 1, 1982, p. 43-64.

_____. Paternalism, utility and fairness. Reprinted in: DWORKIN Gerald (Ed.). *Mill's on liberty: critical essays*. New York: Rowman & Littlefield, 1997.

BARRY, Brian. *Political argument*. London: Routledge; Kegan Paul, 1965.

BERGER, Fred. *Happiness, justice and freedom: the moral and political philosophy of John Stuart Mill*. Berkeley: University of California Press, 1984.

BERLIN, Isaiah. John Stuart Mill and the ends of life. *In: Four essays on liberty*. Oxford: Oxford University Press, 1969.

BERMUDO, Jose Manuel. *Eficacia y justicia: posibilidad de un utilitarismo moral*. Barcelona: Horsori, 1992.

BRANDT, Richard. *Ethical theory: the problems of normative and critical ethics*. Englewood Cliffs, NJ: Prentice-Hall, 1959.

BRINK, David O. *Mill's progressive principles*. Oxford: Oxford University Press, 2013.

BROOME, John. Utility. *In*: *Economics and philosophy*, v. 7, n. 1, 1991, p. 1-12..

BURNS, J. H. J. S. Mill and democracy, 1829-1861 (II). *In*: SMITH, G. W (Ed.) *J. S. Mill's social and political thought: critical assessments, v. 3*. London: Routledge, 1998, p. 54-68.

CARVALHO, Maria Cecília Maringoni de. Utilidade e liberdade na obra de John Stuart Mill. *In*: *Reflexão*, n. 74, Campinas, maio-junho,1999.

COWLING, Maurice. *Mill and liberalism*. Cambridge: Cambridge University Press, 1963.

CRISP, Roger. *Mill on utilitarianism*. London; New York: Routledge, 2006.

_____. *Routledge guidebook on Mill's on utilitarianism*. Oxford: Oxford University Press, 2006.

DRYER, D. P. "Mill's Utilitarianism". Essays on ethics, religion and society. *In*: ROBSON, J. M (Ed.). *Collected Works of John Stuart Mill, v. 10*. Toronto: Toronto University Press, 1969.

DWORKIN, Gerald. Paternalism. *In*: *Morality, and law*. (Edited by Richard Wasserstrom). Belmont, California: Wadsworth, 1971.

EGGLESTON, Ben; MILLER, Dale E. (Ed.). *The Cambridge companion to utilitarianism*. Cambridge: University Press, 2014.

FEINBERG, Joel. Legal paternalism. *In*: *Canadian Journal of Philosophy*, v. 1, n. 1, 1971, p. 105-124.

_____. *Harm to self: the moral limits of the criminal law*. New York: Oxford University Press, 1986.

FUCHS, A. Autonomy, slavery, and Mill's critique of paternalism. In: *Ethical theory and moral practice*, v. 4, n. 3, 2001, p. 231-255.

GRANSTON, Maurice. When we should censure the censors. In: *The times higher education supplement*. London:Times Newspapers, 23 September 1977.

GRAY, John. *Mill on liberty: a defence*. London: Routledge; Kegan Paul, 1983.

_____. *Liberalisms: essays in political philosophy*. London; New York: Routledge, 1983.

_____. John Stuart Mill: traditional and revisionist interpretations. Disponível em: http://www.econlib.org/library/Essays/LtrLbrty/gryMTR.html. Acessado em: 10/9/2014.

GUILLIN,Vincent. Biopolitique, utilitarisme et libéralisme − John Stuart Mill et les contagious diseases acts. In: *Archives de Philosophie*, v. 73, 2010, p. 615-629.

GUISÁN, Esperanza. El utilitarismo. In: CAMPS, Victoria. *Historia de la ética*, v. 2, Barcelona: Crítica, 2006.

_____. *Una ética de libertad y solidariedad: John Stuart Mill*. Barcelona: Antrophos, 2008.

HABIBI, Don. J. S. Mill's revisionist utilitarianism. In: *British Journal for the History of Philosophy*, v. 6, n. 1, 1998, p. 89-114.

HAWORTH, Laurence. *Autonomy − an essay on philosophical psycology and ethics*. Yale University Press, 1986.

HERZEN, Alexandr Ivánovich. *Pasados y pensamientos*. Madrid:Tecnos, 1994.

HIMMELFARB. G. *On liberty and liberalism: the case of John Stuart Mill*. New York: Alfred A. Knopf, 1974.

HIMMELFARB. G. Liberty: "one very simple principle". *In: The american scholar*, v. 62, n. 4, Autumn, 1993.

HOAG, R. Mill's conception of happiness as an inclusive end. *In: Journal of the history of philosophy*, v. 25, n. 3, 1987, p. 417-431.

HOMIAK, Marcia, Moral Character. ZALTA, N. Edward. (Ed.) *The Stanford Encyclopedia of Philosophy (Spring 2011 Edition)*. Disponível em: <plato.stanford.edu/archives/spr2011/entries/moral-character/>. Acessado em: 11/9/2012.

KOGAN, Terry S. The limits of state intervention: personal identity and ultra-risky actions. *In: The Yale Law Journal*, v. 85, 1976, p. 832.

KREIDER, S. Evan. Mill on happiness. *In: Philosophical papers*, v. 39, n. 1, March 2010, p. 53-68.

LETWIN, Shirley Robin. *The pursuit of certainly, David Hume, Jeremy Bentham, John Stuart Mill, Beatrice Webb*. Cambridge: Cambridge University Press, 1965.

MANDELBAUM, Maurice. Two moots issues in Mill's utilitarianism. *In*: SCHNEEWIND, J. B.(Ed.) *Mill: a collection of critical essays*. Garden City, NY: Doubleday, 1968.

McCLOSKEY, H. J. Liberty of expression, its grounds and limits. *In: Inquiry*, n. 13, 1970.

MILL, John Stuart. *A liberdade/utilitarismo*. São Paulo: Martins Fontes, 2000.

_____. A system of logic. Livro VI, capítulo XII, §8.

ROBSON, J. M. (Ed.) *Collected works of John Stuart Mill*. Toronto: Toronto University Press, 1969.

_____. *Autobiografia*. São Paulo: Iluminuras, 2006.

MILL, John Stuart. Considerations on representative government. *In*: ROBSON, J. M. (Ed.). *Collected works*, v. *19*. Toronto: University of Toronto Press, (1977c [1861]), p. 371-577.

_____. Civilisation. *In*: ROBSON J. M. (Ed.) *Collected works,* v. *18.* Toronto: University of Toronto Press, (1977e [1836]) p. 117-147.

_____. *De la liberté.* Tradução de D. White. Paris: Gallimard, 1869.

_____. *La civilización: señales de los tiempos.* Traducción, prólogo y notas de Carlos Melizzo. Madrid: Alianza Editorial, 2011.

_____. Later letters of John Stuart Mill 1849-1873. Francis Mineka and Dwight N. Lindley (Ed.). *In*: ROBSON, J. M. (Ed.) *Collected works of John Stuart Mill,* v. *14-18.* Toronto: Toronto University Press, 1972.

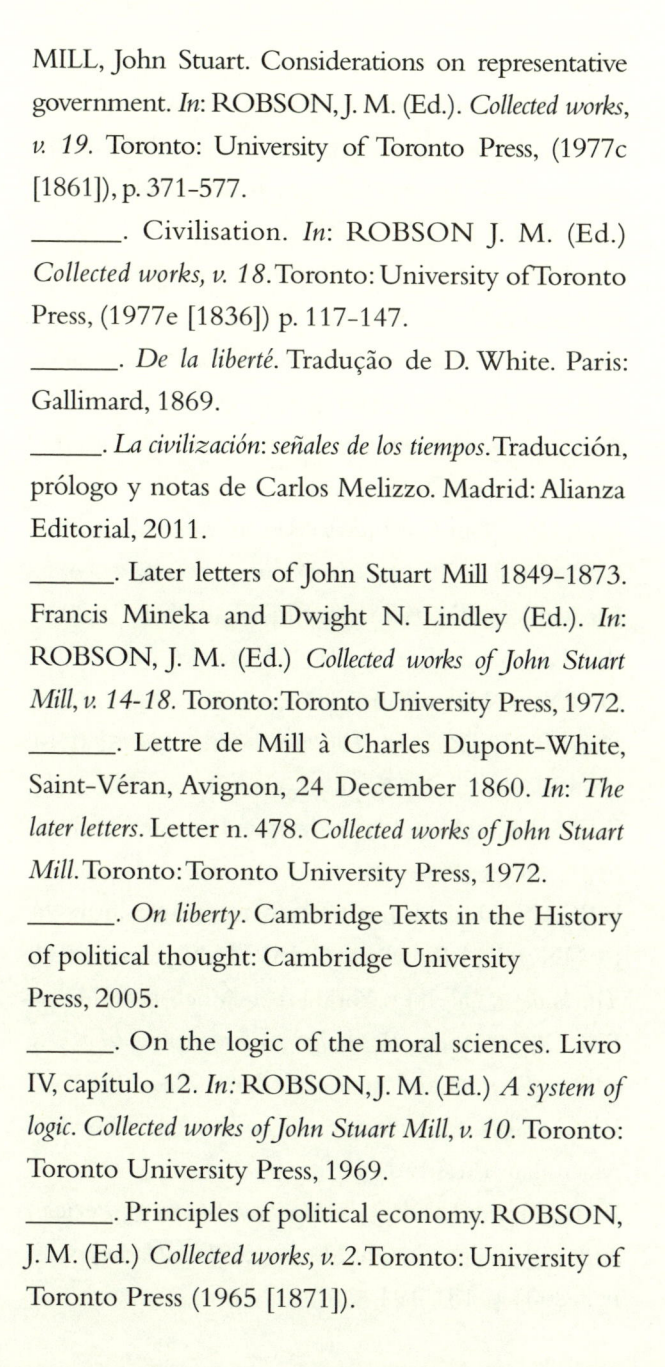

_____. Lettre de Mill à Charles Dupont-White, Saint-Véran, Avignon, 24 December 1860. *In*: *The later letters*. Letter n. 478. *Collected works of John Stuart Mill.* Toronto: Toronto University Press, 1972.

_____. *On liberty.* Cambridge Texts in the History of political thought: Cambridge University Press, 2005.

_____. On the logic of the moral sciences. Livro IV, capítulo 12. *In:* ROBSON, J. M. (Ed.) *A system of logic. Collected works of John Stuart Mill,* v. *10.* Toronto: Toronto University Press, 1969.

_____. Principles of political economy. ROBSON, J. M. (Ed.) *Collected works,* v. *2.* Toronto: University of Toronto Press (1965 [1871]).

MILL, John Stuart. Three essays on religion. *In*: ROBSON, J. M. (Ed.) *Collected works of John Stuart Mill*, v. 10. Toronto: University of Toronto Press, 1969.

_____. *Utilitarianism*. Edited by Roger Crisp. Oxford: Oxford University Press, 2004.

MILLER, Dale E. *John Stuart Mill: moral, social and political thought*. Cambridge: Polity, 2010.

MILLER, David; DAGGER, Richard. Utilitarianism and beyond: contemporary analytical political theory. *In: The Cambridge history of twentieth-century political thought*, 2003.

MULGAN, Tim. *O utilitarismo*. Rio de Janeiro: Vozes, 2012.

NYS, Thomas. The tacit concept of competence. *In*: J. S. Mill's on liberty [*S. Afr. J. Philos.*, v. 25, n. 4], 2006.

PACKE, Michael St. J. *The life of John Stuart Mill*. New York: Macmillan, 1954.

PLAMENATZ, John. *The english utilitarians*. Oxford: Basil Blackwell, 1966.

RESS, J. C. *Mil and his early critics*. Leicester: University College, 1956,

REGAN, Donald. Justification for paternalism. *In*: PENNOCK J. Rowland; CHAPMAN, John W. (Ed) *The limits of law*. New York: Liber-Atheton, 1974.

RILEY, Jonathan. *Routledge philosophy guidebook to Mill on liberty*. London: Routledge, 1998.

RYAN, Alan. *The philosophy of John Stuart Mill*. London: Macmillan Press Ltd., 1998.

ROSEN, Frederick. J. S. Mill on Socrates, Pericles and the fragility of truth. *The journal of legal history*, v. 25, n. 2, 2004, p. 181-194.

ROSEN, Frederick. *Mill*. Oxford: Oxford University Press, 2013.

SARTORIUS, Rolf E. *Individual conduct and social norms*. Belmont: Dickenson, 1975.

SCARRE, Geoffrey. *Mill's on liberty*. London: Continuum, 2007.

SEN, Amartya. *The collective choice and social welfare*. San Francisco: C. A. Holden-Day, 1970a.

_____. *Sobre ética y economía*. Madrid: Alianza Editorial, 1987.

SIMÕES, Mauro Cardoso. *John Stuart Mill & a liberdade*. Rio de Janeiro: Zahar, 2008.

_____. Paternalism and antipaternalism. *In*: *Ethic@ - Revista internacional de filosofia moral*. v. 10, n. 1, 2011.

_____. Rule-utilitarianism. *In*: *Ethic@ - An international journal of moral philosophy* v. 8, p. 47-61, 2009.

_____. Sobre John Stuart Mill: uma crítica à interpretação de Gertrude Himmelfarb. *In*: *Revista seara filosófica* (online), v. 8, 2014, p. 7-13.

_____. John Stuart Mill: liberalismo e utilitarismo. Porto Alegre: *Veritas*, v. 58, n. 1, jan./abr. 2013, p. 174-189.

SMART, J. J. Extreme and restricted utilitarianism. *The philosophical quarterly*, 6, 1956.

TEN, C. L. *Mill on liberty*. Oxford: Clarendon Press. 1980.

_____. "Mill's defense of liberty", repr. *In*: J. GRAY J.; SMITH, G. W. (Ed.). *J. S. Mill on liberty in focus*. London; New York: Routledge. 1991.

TURNER, Piers Norris. The absolutism problem in On liberty. *In*: *Canadian journal of philosophy*, v. 43, n. 3, 2013, p. 322-340.

TURNER, Piers Norris. Harm and Mill's harm principle. *In: Ethics*, v. 124, n. 2, jan. 2014, p. 299-326.

URMSON, J. O. The interpretation of the moral philosophy of J. S. Mill. *Philosophical quarterly*, 3, 1953, p. 33-39. [Reprinted in: LYONS, David (Ed.). *Mill's utilitarianism: critical essays*. Boston: Rowman & Littlefield Publishers, Inc., 1997, p. 1-8].

WEST, Henry. *An introduction to Mill's utilitarian ethics*. Cambridge: Cambridge University Press, 2004.

WOLFF, Robert Paul. *The poverty of liberalism*. Boston: Beacon Press, 1968.

Esta obra foi composta em CTcP
Capa: Supremo 250g – Miolo: Pólen Soft 80g
Impressão e acabamento
Gráfica e Editora Santuário